PENSAMENTODEKARLA

UMA PALAVRA DE CONSOLO
AOS CORAÇÕES AFLITOS, À LUZ DO EVANGELHO

Editora Appris Ltda.
1.ª Edição - Copyright© 2022 da autora
Direitos de Edição Reservados à Editora Appris Ltda.

Nenhuma parte desta obra poderá ser utilizada indevidamente, sem estar de acordo com a Lei nº 9.610/98. Se incorreções forem encontradas, serão de exclusiva responsabilidade de seus organizadores. Foi realizado o Depósito Legal na Fundação Biblioteca Nacional, de acordo com as Leis n.ºs 10.994, de 14/12/2004, e 12.192, de 14/01/2010.

Catalogação na Fonte
Elaborado por: Josefina A. S. Guedes
Bibliotecária CRB 9/870

B238p
2022
	Barbosa, Karla Joseane Ferreira
	  PensamentodeKarla : uma palavra de consolo aos corações aflitos, à luz do evangelho / Karla Joseane Ferreira Barbosa. - 1. ed. - Curitiba : Appris, 2022.
	  211 p. ; 23 cm.
	
	  Inclui bibliografia.
	  ISBN 978-65-250-2548-3
	
	  1. Fé. 2. Esperança – Aspectos religiosos. I. Título. II. Série.
	
	                                                              CDD – 234.2

Appris
editora

Editora e Livraria Appris Ltda.
Av. Manoel Ribas, 2265 – Mercês
Curitiba/PR – CEP: 80810-002
Tel. (41) 3156 - 4731
www.editoraappris.com.br

Printed in Brazil
Impresso no Brasil

Karla Joseane Ferreira Barbosa

PENSAMENTODEKARLA
UMA PALAVRA DE CONSOLO
AOS CORAÇÕES AFLITOS, À LUZ DO EVANGELHO

FICHA TÉCNICA

EDITORIAL	Augusto V. de A. Coelho
	Marli Caetano
	Sara C. de Andrade Coelho
COMITÊ EDITORIAL	Andréa Barbosa Gouveia (UFPR)
	Jacques de Lima Ferreira (UP)
	Marilda Aparecida Behrens (PUCPR)
	Ana El Achkar (UNIVERSO/RJ)
	Conrado Moreira Mendes (PUC-MG)
	Eliete Correia dos Santos (UEPB)
	Fabiano Santos (UERJ/IESP)
	Francinete Fernandes de Sousa (UEPB)
	Francisco Carlos Duarte (PUCPR)
	Francisco de Assis (Fiam-Faam, SP, Brasil)
	Juliana Reichert Assunção Tonelli (UEL)
	Maria Aparecida Barbosa (USP)
	Maria Helena Zamora (PUC-Rio)
	Maria Margarida de Andrade (Umack)
	Roque Ismael da Costa Güllich (UFFS)
	Toni Reis (UFPR)
	Valdomiro de Oliveira (UFPR)
	Valério Brusamolin (IFPR)
ASSESSORIA EDITORIAL	Raquel Fuchs
REVISÃO	Ana Lucia Wehl
PRODUÇÃO EDITORIAL	Isabela Calegari
DIAGRAMAÇÃO	Bruno Ferrreira Nascimento
CAPA	Jeremy Santos
	Jheniffer dos Santos
COMUNICAÇÃO	Carlos Eduardo Pereira
	Karla Pipolo Olegário
LIVRARIAS E EVENTOS	Estevão Misael
GERÊNCIA DE FINANÇAS	Selma Maria Fernandes do Valle

Para todos aqueles que acreditaram, obrigada pelo apoio.

AGRADECIMENTOS

Agradeço a Deus primeiramente porque não desistiu de mim, mesmo eu dando inúmeros motivos para isso.

Agradeço à minha mãe, que sempre me socorreu e jamais desistiu de me ajudar, mesmo quando não havia comida para minhas filhas, e ela vinha em socorro.

Agradeço às minhas filhas Karen e Íris, que sempre fomos uma pela outra, unidas mesmo quando eu achava que o mundo estava desabando, elas ficavam fortes e me amparavam.

Agradeço à Jheniffer por me fazer acreditar que eu era capaz de criar as redes sociais e alcançar mais vidas nesse processo de evangelização.

Agradeço aos meus amigos Simone Cunha, Rosinha, Heliés, Cidinha, Carol, Evani Bola, Laire, Rose, Agnee e meus irmãos Edmar, Olívia, Mário, Fábio e Jéssica.

APRESENTAÇÃO

Este livro é uma obra destinada, principalmente, para pessoas que creem em Deus, que o buscam de todo o coração e que confiam em suas promessas, no cumprimento de sua Palavra, que é a verdade para a Salvação Eterna. Uma obra livre de julgamentos, que, assim como o Evangelho, não faz acepção de pessoas, nem tampouco está aqui para apontar nomes de denominações. No céu não entrarão placas de Igreja, mas, sim, a Igreja Fiel do Senhor. A principal finalidade é elucidar questões religiosas que, ao longo dos anos, foram deturpadas pela razão e conveniência humana. Todo questionamento abordado será norteado por meio de versículos bíblicos para que, caso se faça necessário, possam ser consultados conforme o querer e a vontade de cada leitor.

Aconselho, ainda, que, de preferência, faça a leitura em paralelo com a Bíblia, para que possa fazer suas consultas, e não esqueça, principalmente, que, para lermos a Palavra de Deus, precisamos ter reverência e comunhão com o Espírito, para que o mesmo Espírito que habitava no coração dos profetas, na ocasião em que escreviam, e que habita em mim e esteve presente no desenrolar deste livro, venha e habite também em vosso coração e torne-se presente durante toda a leitura e traga entendimento e esclarecimento para cada leitor.

Os pensamentos deste livro não vêm para trazer confusão e desconforto naquilo que muitos levaram anos acreditando ser o ideal para suas vidas, mas sim trazer pontos relevantes para a caminhada espiritual de cada um. Como conhecer a Deus sem ter acesso íntimo com a Sua Palavra? Seguir um líder espiritual é mais cômodo, porém estão sujeitos a manipulações e dogmas religiosos, por meio dos quais o homem impõe o seu querer conforme a sua vontade e o que acaba ocorrendo; são situações e ações em que a sociedade fica escandalizada.

Esta obra foi revelada pelo Senhor, e, em cada capítulo, revelo algumas das experiências que passei e, por isso, eles foram construídos pelo que vivi e presenciei, afinal, como confortar corações com meus pensamentos sem ter conhecimento de causa? Conhecer a Deus de ouvir falar? Como conhecer a dor do outro, como me compadecer e consolar, se não sei medir o quanto dói por não ter vivido cada experiência? O Senhor quis que eu passasse por cada vale para relatar aqui, e espero que este livro vá de encontro com a sua necessidade e curar diretamente onde está a dor. Então, faça-se e cumpra-se em mim a vontade do Senhor meu Deus todo Poderoso. O Deus que é três vezes Santo. Toda Terra o exalta e engrandece Seu Santo Nome, que é digno de toda Honra, Toda Glória e de Todo o Louvor. *Amém!*

SUMÁRIO

CAPÍTULO 1
O VISITANTE E O ACEITAR JESUS....................... 14

CAPÍTULO 2
O BATISMO NAS ÁGUAS E O BATISMO COM O ESPÍRITO SANTO.... 18

CAPÍTULO 3
O DÍZIMO: UMA OFERTA DE AMOR....................... 22

CAPÍTULO 4
CRISTÃOS INDECISOS................................. 26

CAPÍTULO 5
SERVOS PECADORES................................... 30

CAPÍTULO 6
O JUSTO VIVERÁ PELA FÉ.............................. 34

CAPÍTULO 7
SOMOS VASOS IMPERFEITOS............................ 37

CAPÍTULO 8
UMA NOVA CRIATURA................................. 41

CAPÍTULO 9
O SERVO FIEL E O SERVO INFIEL....................... 44

CAPÍTULO 10
O EVANGELISTA...................................... 49

CAPÍTULO 11
A IGREJA FIEL SUBSISTIRÁ............................ 53

CAPÍTULO 12
A IGREJA COMO UM CORPO............................. 57

CAPÍTULO 13
A ORGANIZAÇÃO DE UM SERVO.......................... 64

CAPÍTULO 14
O PODER DO PERDÃO 67

CAPÍTULO 15
BÍBLIA, O TESOURO DESCOBERTO 72

CAPÍTULO 16
OS PLANOS DE DEUS... 76

CAPÍTULO 17
FILHOS: HERANÇA DE DEUS 82

CAPÍTULO 18
OS DONS ESPIRITUAIS... 86

CAPÍTULO 19
QUAIS SÃO OS MEIOS DA GRAÇA DE DEUS? 91

CAPÍTULO 20
OS HERÓIS DA FÉ 97

CAPÍTULO 21
O TOQUE DA QUARTA TROMBETA
E A VOLTA DE JESUS 101

CAPÍTULO 22
A IGREJA VAI PARTIR 107

CAPÍTULO 23
O PERFEITO LOUVOR A DEUS....................................... 110

CAPÍTULO 24
AS RIQUEZAS DESSE MUNDO....................................... 115

CAPÍTULO 25
DEUS É A CURA PARA SUA ANSIEDADE! 119

CAPÍTULO 26
FAZER O BEM SEM ESPERAR NADA EM TROCA 123

CAPÍTULO 27
AOS QUE MORREREM EM CRISTO JESUS.................. 127

CAPÍTULO 28
O AMOR PELOS ANIMAIS E POR TUDO QUE DEUS CRIOU......... 133

CAPÍTULO 29
A FRIEZA ESPIRITUAL EM DECORRÊNCIA DA PANDEMIA 139

CAPÍTULO 30
DEPRESSÃO, O MAL DO SÉCULO! 143

CAPÍTULO 31
O ALGOZ NÃO FICARÁ IMPUNE 150

CAPÍTULO 32
O LIVRE ARBÍTRIO 153

CAPÍTULO 33
ADULTOS MARCADOS POR INFÂNCIAS INFELIZES 156

CAPÍTULO 34
O DESTINO DE NOSSAS ALMAS E AS VOZES DOS ESPÍRITOS 161

CAPÍTULO 35
O DOCE SABOR DO PECADO 166

CAPÍTULO 36
O CASAMENTO, O QUE DIZ A PALAVRA DE DEUS? 171

CAPÍTULO 37
AS MARCAS DA PROMESSA 177

CAPÍTULO 38
DEUS VAI TE HONRAR, CREIA! 180

CAPÍTULO 39
A PALAVRA DE DEUS ESTÁ SE CUMPRINDO! 182

CAPÍTULO 40
VOCÊ NÃO ESTÁ SOZINHO! 185

CAPÍTULO 41
A TUA VIDA É UM PROJETO DE DEUS! 188

CAPÍTULO 42
PENSAMENTOS DE KARLA 192

CAPÍTULO 1

O VISITANTE E O ACEITAR JESUS

O homem pode andar por terras longínquas, participar de tudo que essa vida possa oferecer, como festas, diversões, e sempre andará em busca de algo que o preencha, porém perceberá que nada consegue preencher o vazio que sente. O vazio que só o amor do Senhor pode ocupar. Ao perceber isso, partimos em busca de respostas, em busca de ocupar nosso coração. Sabemos que devemos agregar-nos a uma Igreja, a nossa alma sente saudades de casa, e estar em um culto é sentir um pouquinho da eternidade, mas qual lugar ficar? Fazemos uma busca incessante por vários lugares, denominações, até sentirmos repouso e paz. O livro de Salmos 27:4-5 diz:

> Uma coisa pedi ao SENHOR e a buscarei: que possa morar na Casa do SENHOR todos os dias de minha vida, para contemplar a formosura do SENHOR e aprender no seu templo.
>
> Porque no dia da adversidade me esconderá no seu pavilhão; no oculto do seu tabernáculo me esconderá; pôr-me-á sobre uma rocha.

Ninguém é leigo, possui alguma noção do que é servir a Deus porque nascemos em lares onde geralmente os pais possuem uma religião, então nascemos dentro de uma religião. Porém, chega uma fase da vida em que há um desvio. Geralmente durante a juventude, os jovens querem conhecer o mundo, sentem curiosidade, mas chega o momento que nada mais faz sentido lá fora. Então é hora de o filho voltar para casa. "Mas era justo alegrarmo-nos e regozijarmo-nos, porque este teu irmão estava morto e reviveu; tinha se perdido e foi achado" (Lucas 15:32).

Muitos optam por se firmarem no mesmo lugar que os pais o apresentaram e apenas retomam a caminhada, mais firmes e mais certos do que querem. Porém, outros partem em busca de seu próprio descanso espiritual, precisam encontrar seu verdadeiro lugar, mesmo que isso signifique desapegar-se religiosamente de seus pais. Em muitos lares, esse momento é tenso, pois os pais não aceitam, e começam ali muitos conflitos e desentendimentos. Ainda assim é necessário atender ao chamado.

O começo é difícil. Muitos amigos que antes convidavam para festas passam a te criticar, a fazer piadas, apontar o dedo. Eu costumo lembrar-me dessa fase como as primeiras perseguições. Mesmo baixando a cabeça, eu sabia que era o certo a fazer. Muitos se afastaram, e de repente minha amizade já não servia mais. Eu sempre tive poucos amigos, muito seletiva para tudo, mas eu não queria mais aquele sofrimento para mim. No momento de festa e bebidas era muito divertido, mas quando estava sozinha, vinha uma dor muito grande. Que alegria era aquela que tinha prazo? Alegria passageira, e sempre vinha o choro incontrolável, sentia vergonha de mim mesma. As piores críticas vinham do meu marido – era casada na época e já tinha minhas filhas quando senti o chamado. Até hoje, ele repete que o casamento acabou porque eu mudei, depois que resolvi virar "crente". Graças a Deus. Era cega, mas abri os meus olhos espirituais.

As Igrejas precisam ter um cuidado maior com os visitantes porque é um momento de definição, e eles são muito observadores. O cuidado para não o expor. Entendo que é motivo de grande alegria ver ali um pecador que está arrependido e buscando retidão, o céu faz festa, mas é preciso ser cuidadosa com cada vida. Outro dia recebi um convite para ir ao culto e fiquei muito envergonhada quando o pastor apontou diretamente para mim, chamando para ir lá na frente. A congregação inteira olhou para mim, eu queria sumir de tanta vergonha que fiquei nesse dia. Se abrisse um buraco no chão, eu teria entrado para sair daquela situação constrangedora. E olha que eu já era convertida e batizada, apenas atendi a um convite. Agora imagine só as pessoas que estão querendo iniciar a caminhada, que de fato ainda não se decidiram!? Estão visitando e observando tudo. Tentando sentir ali no coração o chamado!? A congregação precisa acolher o visitante e, a partir dali, assisti-lo de forma discreta e jamais se esquecendo de dar espaço e liberdade, sem pressões, sem exposições, para que ele sinta o desejo de voltar. Isso é agir com sabedoria e responsabilidade sobre cada vida que entra no templo para visitação.

Depois de visitar e sentir que é o lugar que deve permanecer, onde a alma sentiu paz, então vem a próxima etapa, que é aceitar Jesus. Isso pode ocorrer ali no primeiro dia, quem sabe até, por meio de um louvor, se sentir aquebrantado, como foi comigo, ou então pode levar alguns dias. É um processo que não pode ser forçado porque aceitar Jesus é voltar ao primeiro amor, entender que, mesmo antes do nosso pecar, Cristo já havia preparado o perdão e a remissão mediante seu sangue derramado na Cruz. E foi por amor. Por amor de nós que se doou em sacrifício.

Portanto, mesmo estando no erro, vá para a Igreja ao sentir o desejo! Se você ainda não teve esse encontro com Cristo, experimenta ter! Arrependa-se e aceite-o em seu coração! Não precisa de alarde, nem bater panelas nem tambores. O livro de Lucas 15:10 diz: "Assim vos digo que há alegria diante dos anjos de Deus por um pecador que se arrepende".

Porém, aqui na Terra não precisa de alvoroço. Aceite e, a partir de então, busque ser uma criatura melhor a cada dia e seguir os passos de Jesus aqui neste mundo.

Vá como estiver, não se importe se acha que suas vestes não estão adequadas, aos poucos terá seu coração moldado pelo Espírito Santo, é Ele quem corrige e aperfeiçoa com amor. Já ouvi relatos de pessoas que não vão para a Igreja por terem algum vício e que não conseguirão largar. Essa mudança é gradativa, aos poucos ocorre a libertação. A melhor mudança é aquela que vêm por parte do Espírito, porque, uma vez liberto, jamais será prisioneiro novamente. Deixa agir o Espírito, deixa-O encontrar sinceridade em seu coração!

Venha como está, não olhe para os lados, não escute as críticas. Apenas prossiga olhando para o alvo, olhando para Jesus, que é perfeito, e sinta a alegria verdadeira. Aquela alegria que perdura mesmo acabando o culto, a paz que tanto procuramos está em Cristo Jesus.

CAPÍTULO 2
O BATISMO NAS ÁGUAS E O BATISMO COM O ESPÍRITO SANTO

Portanto, ide, ensinai todas as nações, batizando-as em nome do Pai, e do Filho e do Espírito Santo.

(Mateus 28:19)

O ato do batismo é a declaração de que estamos morrendo para o mundo. Firmar os pés na Presença de Jesus. As lutas não diminuirão, talvez até aumentem, porque o inimigo não fica feliz quando mais uma vida escolhe a Cristo, mas temos a certeza de que a vitória é garantida, pois temos à nossa frente o Senhor dos Exércitos. Dono do ouro e da prata. Eu nada temo e sei que, se eu for fiel até a morte, a coroa da Salvação me será assegurada. O ato do batismo faz parte do processo da Salvação. No livro de João 3:5, está escrito: "Jesus respondeu: Na verdade, na verdade te digo que aquele que não nascer da água e do Espírito não pode entrar no Reino de Deus".

Com o batismo nas águas, anunciamos publicamente que somos pecadores, porém declaramos que estamos morrendo para as ofertas do mundo e, a partir de então, levaremos uma vida diferente da que vivíamos. O livro de Colossenses 2:12 afirma: "Sepultados com ele no batismo, nele também ressuscitastes pela fé no poder de Deus, que o ressuscitou dos mortos". É com base nessas afirmações que podemos ainda indagar: qual o sentido de se batizar crianças? Jesus, quando criança, foi apresentado no templo e somente na vida adulta passou pelo ato do batismo, apesar de não ser pecador. Passou por este processo para que nós, como seguidores Dele, pudéssemos também participar; para alcançar a Salvação, é necessário que o façamos.

Seria maravilhoso que, ao emergirmos das águas, saíssemos criaturas puras. Infelizmente, nas águas, não sairão todas as impurezas, mas lutaremos dia após dia para matar o velho homem. Uma luta diária da carne contra o espírito, um processo lento e às vezes doloroso, porque precisaremos voltar ao pó para sermos refeitos pelo Senhor. Andar em retidão, buscar a santificação constantemente porque, a todo momento, somos expostos às ciladas e, muitas vezes, caímos. Então podemos admitir que a Salvação é dinâmica, em constante reafirmação. É natural insistir no erro uma vez que o velho homem morrerá aos poucos, porém é necessário, a cada vez que errar, ter o arrependimento sincero. "Senhor, molda-me conforme o teu querer."

Após o batismo nas águas, é necessário o batismo com o Espírito Santo. Jesus disse: "nascer da água e do Espírito". Em Atos 1:5, está escrito: "Porque na verdade, João batizou com água, mas vós sereis batizados com o Espírito Santo, não muito depois destes dias". Antes de retornar para a eternidade, Jesus avisou que viria o Espírito Santo, a descida do Espírito Santo foi o Dia de Pentecostes no livro de Atos 2:1-4:

> Cumprindo-se o dia de Pentecostes, estavam todos reunidos no mesmo lugar;
>
> e, de repente, veio do céu um som, como de um vento veemente e impetuoso, e encheu toda a casa em que estavam assentados.
>
> E foram vistas por eles línguas repartidas, como que de fogo, as quais pousaram sobre cada um deles.
>
> E todos foram cheios do Espírito Santo e começaram a falar em outras línguas, conforme o Espírito Santo lhes concedia que falassem.

Nesses versículos, podemos ver a importância do batismo com o Espírito Santo, entre tantos outros benefícios. Outra passagem que também relata a importância do batismo com o Espírito Santo fica no livro de Joel 2:28-29, que diz:

> E há de ser que, depois, derramarei o meu Espírito sobre toda a carne, e vossos filhos e vossas filhas profetizarão, os vossos velhos terão sonhos, os vossos jovens terão visões.
>
> E também sobre os servos e sobre as servas, naqueles dias, derramarei o meu Espírito.

Ser batizado com o Espírito Santo é ser testemunha do amor de Jesus, além dos benefícios dos Dons Espirituais que é uma bênção para a Igreja nesses últimos dias, mantendo-a viva. Em Atos dos Apóstolos 1:8, está escrito: "Mas recebereis a virtude do Espírito Santo, que há de vir sobre vós; e ser-me-eis testemunhas tanto em Jerusalém como em toda a Judeia e Simaria e até aos confins da terra".

Com o batismo nas águas e o batismo do Espírito Santo, tornamo-nos dependentes do Senhor, de joelhos, buscando-o com sinceridade por intermédio do Espírito Santo, que vai até os céus e, com gemidos inexprimíveis, intercede por nós, e o Senhor, movido de compaixão, acalentará a alma, para moldar, aos poucos, com amor e com zelo, para podermos testemunhar do amor de Deus por nossas vidas. Ele vai preparar o coração para o arrebatamento, colocará em nossos lábios um cântico novo, continuamente para glorificarmos ao Senhor e seremos luz neste mundo em trevas, seremos reconhecidos pela marca do cordeiro que carregaremos em nossas testas, colocará em nós o seu selo, Efésios 1: 13, "em quem também vós estais, depois que ouvistes a palavra da verdade, o Evangelho da vossa salvação; e, tendo nele também crido, fostes selados com o Espírito Santo da promessa". Herdaremos a vida eterna!

CAPÍTULO 3
O DÍZIMO:
UMA OFERTA DE AMOR

Este capítulo será dedicado ao dízimo, sobre alguns esclarecimentos acerca da Palavra. Creio que desmistificará muitas teorias idealizadas por homens gananciosos infiltrados no meio religioso.

A palavra *dízimo* refere-se ao pagamento da décima parte de um todo. Como cristãos, temos o reconhecimento que tudo debaixo do sol pertence a Deus, incluindo também os frutos, os resultados de nosso trabalho.

Quem abre as portas de emprego é Deus, e devemos a Ele toda a nossa força em poder levantar todos os dias para a lida. Protege-nos, livra-nos de acidentes e grandes investidas. O nosso salário é o reconhecimento de nosso trabalho, nossa dedicação e compromisso, e sabemos que a décima parte pertence ao Senhor. No livro de Provérbios 3: 9-10, diz: "Honra ao Senhor com a tua fazenda e com as primícias de toda a tua renda; e se encherão os teus celeiros abundantemente, e transbordarão de mosto os teus lagares".

Confesso que demorei a ter a consciência de que eu necessitava repassar o dízimo. Em minha cabeça, eu só conseguia ver certas atitudes que me escandalizavam; eu não podia acreditar no que via e ouvia. Quando senti o chamado para servir, comecei a sondar algumas denominações, e esse foi um ponto que fiz questão de observar. Em uma situação, pediram oferta três vezes, dinheiro para isso, dinheiro para aquilo.

O que acontece na maioria das vezes, por parte das autoridades religiosas, é que chegam até a chantagear os fiéis que não buscam a informação na Palavra de Deus. Promovem culto do dízimo para que seja uma forma de cobrar. Já ouvi diversos relatos de que, se os irmãos estiverem inadimplentes com Deus, não seriam salvos. Posicionar o tesoureiro da Igreja bem na porta para abordar o irmão que vem chegando e não pagou ainda e muitos até deixam de ir ao culto por estarem devendo. Que absurdo!

Pastor com o carnê das prestações do seu próprio carro reclamando que está atrasado, e outro reclamando que não tem comida em casa porque não estão pagando o dízimo. Promover sorteios de brindes para os irmãos dizimistas, fazendo com que surja outra forma de interesse em repassar a oferta. Parece absurdo para você? Já presenciou tais cenas? Creio que tenha sim. Como assim: o pastor vive às custas de outros irmãos? Tem seus carros pagos, escolas particulares de seus filhos, seu alimento, tudo bancado pelas ofertas dos irmãos!? Conheçam a Palavra de Deus e libertem-se!

> No suor do teu rosto, comerás o teu pão, até que te tornes à terra; porque dela foste tomado, porquanto és pó e em pó te tornarás (Gênesis 3: 19).
>
> Pois comerás do trabalho das tuas mãos, feliz serás, e te irá bem (Salmos 128: 2).
>
> Roubará o homem a Deus? Todavia, vós me roubais e dizeis: Em que te roubamos? Nos dízimos e nas ofertas alçadas. Com maldição sois amaldiçoados, porque me roubais a mim, vós, toda a nação. Trazei todos os dízimos à casa do tesouro, para que haja mantimento na minha casa, e depois fazei prova de mim, diz o SENHOR dos Exércitos, se eu não vos abrir as janelas do céu e não derramar sobre vós uma bênção tal, que dela vos advenha a maior abastança (Malaquias 3: 8 – 10).

Esse último versículo fala sobre o homem que se nega a repassar o dízimo, também se refere a líderes religiosos que vivem suas vidas luxuosas por meio das doações dos fiéis. O dinheiro arrecadado é para as despesas da Igreja.

Demorei a aceitar que eu precisava separar 10% de todo o meu salário, mas aprendi que o Espírito Santo molda todo o nosso viver e Ele haveria de moldar nesse aspecto também e me faria ver a importância para a obra e reconhecer que essa porcentagem não é minha, pertence ao Senhor e que eu não posso doar o que sobra, e sim separar antes de qualquer outra coisa porque são primícias, vem primeiro, assim como era feito antigamente, retirados os primeiros frutos, os primeiros animais dos rebanhos para ofertas e holocaustos.

Tudo que se refere ao Senhor é necessário haver amor, pureza de coração, e assim é com a oferta que precisa ser voluntária, sem pressões psicológicas, chantagens ou humilhações. Algo íntimo entre o Senhor e seu servo, sem que haja exposição do servo a toda a congregação. "Cada um contribua segundo propôs no seu coração, não com tristeza ou por necessidade; porque Deus ama ao que dá com alegria" (2 Coríntios 9: 7). Por isso, é importante que só faça a oferta quando sentir que está pronto o seu coração.

O Senhor tocou em meu coração e fez observar alguns pontos muito importantes essenciais para o bom funcionamento do templo: a energia para as lâmpadas e ventiladores para deixar o mais agradável possível o ambiente para que eu pudesse adorá-lo; os banheiros e utensílios de limpeza para manter tudo limpo, higienizado e organizado; são necessários recursos para manter tudo funcionando. Observei que alguns irmãos precisavam viajar nos fins de semana para evangelizar, dar assistência longe demais de suas residências, e eles não são pagos para pregarem, "de graça recebestes, de graça dai" (Mateus 10: 8b). Porém, a Igreja dá suporte com alimentação, combustível e estadia, isso se não tiver como ser recebido na casa de algum irmão naquela localidade. "E, em qualquer cidade ou aldeia em que entrardes, procurai saber quem nela seja digno e hospedai-vos aí até que vos retireis" (Mateus 10: 11)

Eu tive o entendimento que a obra não pode parar, que mais e mais vidas precisam ser alcançadas, e o trabalho não pode parar. Compreendi que, às vezes, o meu dízimo pode ser convertido em uma cesta básica para socorrer servos que estejam passando por dificuldades e que o Senhor nos toca para irmos em socorro, e isso me trouxe alegria, paz, conforto em saber que posso ofertar meu dízimo dessa forma. "Conforme está escrito: Espalhou, deu aos pobres, a sua justiça permanece para sempre" (2 Coríntios 9:9).

Almejamos a volta de Jesus e precisamos agir rápido, o Evangelho precisa ser pregado a toda criatura para que Ele volte logo e saber que posso contribuir, devolver a parte de meu salário que cabe ao Senhor, para este projeto que é bastante satisfatório.

CAPÍTULO 4
CRISTÃOS INDECISOS

Estamos vivendo as últimas horas que antecedem o grande dia da volta do filho do homem, e a todo momento vejo relatos de pessoas que saíram de algumas denominações, pelos mais variados motivos, e eu me pergunto: Acaso estiveram lá por causa de Jesus? Estiveram lá porque estavam a renovar o primeiro amor, a reconhecerem o sacrifício de Cruz e assim serem gratos por tamanha demonstração de amor, derramando seu sangue por nossos pecados e nossas iniquidades?

Estar na casa do Senhor é estarmos juntos reunidos como um corpo em comunhão, reestabelecer os nossos passos na caminhada espiritual, aparar as arestas. Ofertar louvores perfeitos de almas remidas e voltar para casa com o coração transbordando porque sentiu a presença do Espírito a tocar nossa alma e chorarmos por não compreendermos que amor é esse, que nos ama incondicionalmente mesmo sendo nós tão falhos, cheios de defeitos, conhece nossos pecados mais obscuros, inclusive aqueles que nem sabíamos que cometeríamos, e Ele já tem preparado o perdão.

Então não saia, fique onde está! Reconheça que a obra é do Espírito e que deveria ser perfeita, mas, por ser dirigida por homens, em algum momento, haverá situações com as quais se desagradar; a razão do homem vai ferir ovelhas, e é nesse momento de falta de sabedoria que se perdem membros e que saem profundamente fragilizados e decepcionados. Nesse momento, a ovelha prefere as montanhas a ficar no aprisco aos cuidados do pastor.

O importante é olhar para o alto. Lembra? Jesus foi humilhado por tua causa, foi cuspido, acusado injustamente, e ficou calado como ovelha muda nas mãos de seus tosquiadores. E por que te rebelas? Levanta-se contra pastores, placas de Igrejas...

> E surgirão muitos falsos profetas e enganarão a muitos (Mateus 24: 11).
>
> E por se multiplicar a iniquidade o amor de muitos se esfriará (Mateus 24: 12).
>
> Ó Deus! Tu matarás, decerto, o ímpio! Apartai-vos portanto, de mim, homens de sangue. Pois falam malvadamente contra ti; e os teus inimigos tomam o teu nome em vão (Salmos 139: 19-20).

E você, servo, sabendo que todas essas coisas aconteceriam no Princípio de Dores, acaba saindo magoado da Igreja e fica peregrinando de Igreja em Igreja, e a alma não encontra descanso, a angústia toma conta, porque em todas encontrará falhas.

É engano, infelizmente o Joio está infiltrado em meio ao trigo, haverá descendentes de Balaão, escravos usados por Satanás para servirem de pedra de tropeço e te fazer cair, perseguir e humilhar os escolhidos de Deus.

Exatamente o que Jesus passou por ti, e Ele não abandonou a Cruz, por mais pesada que estivesse. E hoje somos nós a passarmos angústias por amor de seu nome. "Então, vos hão de entregar para serdes atormentados, e matar-vos-ão; e sereis odiados de todas as gentes por causa do meu nome" (Mateus 24: 9).

Matar-vos-ão, não se trata apenas de morte física, mas também a espiritual e é ainda pior por colocar em risco a tua salvação. Essa morte é pior lançando-o para a condenação eterna. Você não está na Igreja para agradar a homens e muito menos sujeitar-se a eles. "Porque persuado eu agora a homens ou a Deus? Ou procuro agradar a homens? Se tivesse ainda agradando aos homens, não seria servo de Cristo" (Gálatas 1: 10).

A decepção vem, principalmente, por depositarmos nossa confiança em homens. Tem servos que sentem necessidade de bajular seus pastores, seus ministros, diáconos, e se tornam tão dependentes que acham que neles está a segurança da salvação. Esquecem que são homens e são falhos. Já vi situações que ovelhas caíram depois da queda de um pastor, saíram da Igreja. Eu não compreendo que necessidade exacerbada é essa de usar um pastor como ídolo. Não confie em outro homem, ele também pode cair. Muitos usam desse artifício para assumirem cargos e lugares de destaque na Igreja. "Porque o Senhor disse: Pois que este povo se aproxima de mim e, com a boca e com os lábios, me honra, mas o seu coração se afasta para longe de mim, e o seu temor para comigo consiste só em mandamentos de homens, em que foi instruído" (Isaías 29: 13).

Vá aos cultos, não importa a decepção que tenha sofrido, não precisa sentar-se em lugar de destaque, assumir funções para ser reconhecido entre os homens. O que importa é ser reconhecido por Deus e ter seu nome no livro da vida. Lembra? Estás lá para agradar a Jesus, és o menor, o mais indigno. Que diminuas para que Ele cresça em vós e que os outros, olhando para você, enxerguem a Cristo com toda a sua humildade e servidão. No teu falar, no teu agir, no teu caminhar, no teu testemunho...

Porque nada és, és pó e preferiu Ele nos amou quando nem ainda havia sido formado no ventre de tua mãe. "Os teus olhos viram meu corpo ainda informe, e no teu livro todas estas coisas foram escritas, as quais iam sendo dia a dia formadas, quando nem ainda uma delas havia" (Salmos 139: 16). Desde o início de tua vida, toda a tua trajetória havia sido traçada. Portanto, fique na denominação que foste colocado, mesmo percebendo falhas, todas elas estão corrompidas com o Joio. Mas seja o trigo! Olhe somente para Jesus.

É por amor a Ele que não importam as humilhações, permaneça de pé como verdadeiro guerreiro de Cristo na Igreja onde o Espírito te colocou, aquele lugar que desde o começo tua alma encontrou repouso. É preciso ter essa convicção para que não olhe para os lados, não observe as falhas alheias e não venham te tolher, apontando-lhe tuas falhas. Olhe somente para o alvo, para o único que é perfeito digno de todo louvor e de toda a adoração! Lute com todas as suas forças para que não se entristeça e venha a querer desistir da caminhada. O mundo lá fora maltrata e leva à ruína; uma vez fora, retornar se tornará muito mais difícil. O inimigo das almas põe para matar a cada ovelha desgarrada de seu rebanho que ele encontra.

CAPÍTULO 5
SERVOS PECADORES

Como está escrito: Não há um justo, nem um sequer.
(Romanos 3:10)

Somos todos pecadores, por mais que busquemos andar em retidão, mas é próprio do homem em algum momento fraquejar e pecar. Como humanos, somos dignos de falhas, vivendo rodeados de investidas a todo momento sendo provados. A Graça de Deus é dinâmica, renovando-se todas as manhãs, justamente por estar a todo momento sujeito ao erro. Cair é natural do homem, o importante é não ficar caído. "Porque sete vezes cairá o justo e se levantará" (Provérbios 24:16a).

Como posso eu achar que tenho o direito de apontar os pecados alheios? Aprendi, por meio da Palavra, que somos todos pecadores dignos de perdão, quando reconhecemos nossos erros e pedimos socorro ao único soberano Deus, que ouve nossas súplicas, derrama de seu Espírito e nos livra da condenação eterna.

Somos servos devedores, mas acaso o velho homem não deveria ter morrido nas águas? Aceitar Jesus e descer às águas são processos necessários para aquele que deseja nascer de novo. Demonstrar ali, diante de várias testemunhas, o desejo de firmar os passos em Jesus e buscar sempre retidão, buscar ser melhor a cada instante como servo de Deus, como homem, pai, filho e esposo. Diante de todos os presentes, firmar um compromisso, porém o pecado nos cerca, nos devora ao menor descuido, vacilo, quando deixamos de vigiar por alguns instantes. Somos carne, somos humanos, e boa parte de nossa existência é razão. Sabemos que onde habita a razão o Espírito Santo se cala. "Ora, se eu faço o que não quero, já o não faço eu, mas o pecado que habita em mim" (Romanos 7:20).

É uma luta constante da carne contra o Espírito, e aquele que for mais alimentado vencerá. "Porque a carne cobiça contra o Espírito, e o Espírito, contra a carne; e estes opõem-se um ao outro; para que não façais o que quereis" (Gálatas 5:17).

Como não julgar e se indignar diante de certas atrocidades das quais temos conhecimento? Como pode o bandido ter o direito ao mesmo perdão que eu? Sim, se verdadeiramente confessar seus pecados, esse terá direito a se apresentar diante do Tribunal de Deus. "E não há criatura nenhuma encoberta diante Dele; antes, todas as coisas estão nuas e patentes aos olhos daquele com quem temos de tratar" (Hebreus 4:13).

Outro dia, uma ateia quis indagar justamente isso, como alguém que passou uma vida inteira no pecado, na hora da morte, aceita Jesus e é salvo? Nessa hora, senti o Senhor, que dirigiu minhas palavras, e eu respondi que aceitar Jesus na hora da morte deu-lhe o direito de, pelo menos, poder ser julgado. O ladrão na Cruz, quem pode dizer se ele já não havia pagado aqui na Terra pelos seus erros? E tantos outros que vivem uma vida desumana e se sujeitam a viver no pecado? Eu sei, nada justifica a pessoa viver no pecado, mas só Deus sonda e conhece cada coração. Cabe somente a Deus a sentença de cada pessoa, se será a condenação eterna, jogado no lago de fogo e enxofre, ou se será absolvido e desfrutará da Salvação em Terra celestial. "Porque Deus há de trazer a juízo toda obra e até tudo o que está encoberto, quer seja bom, quer seja mau" (Eclesiastes 12:14). Quem sou eu? Outra pecadora que o Senhor precisa ter misericórdia de mim! Somos todos pecadores, não há um justo sequer! Quem julga e condena o seu próximo, certamente, não esteve no vale. Somos levados ao vale para sermos provados, chegamos à exaustão de nossas forças para nos lembrarmos de quem é Deus e de todo o seu poder sobre nossas vidas. Então reconhecemos exatamente o quão difícil é manter a santificação, se existe um propósito em sua vida, certamente, você será levado constantemente para o vale para ser aperfeiçoado. Tornar-se o mais perfeito vaso.

Satanás te leva a pecar, está brincando de roda ao teu redor, rugindo como um leão. Ele não é o leão. O leão da tribo de Judá é Jesus, mas o inimigo está a rugir como um leão para devorar, para causar pânico e insegurança, pois sabe, conhece nossas limitações, porque ouve nossas palavras. Eis a importância de orarmos em silêncio, de mantermos segredo sobre muitos projetos que almejamos. A Bíblia faz uma observação: "Mas tu, quando orares, entra em teu aposento e, fechando a tua porta, ora a teu Pai, que vê o que está oculto; e teu Pai que vê o que está oculto, te recompensará" (Mateus 6:6).

O inimigo das almas observa nossas atitudes, só não consegue penetrar nossos pensamentos. Então ele usa nossas fraquezas para nos derrubar; se não vigiarmos, podemos cair. Ele nos leva a pecar e ele mesmo faz a cobrança a posteriori, tornando-nos seus escravos.

Ele mesmo faz a sua justiça. E, quando esse pecador, que foi tragado por Satanás, for se apresentar diante do Tribunal de Deus, não terá o sangue de Jesus sobre sua vida para serdes justificados, pelo amor com que nos amou, demonstrado na Cruz do Calvário.

> Porque todos pecaram e destituídos estão da Glória de Deus, sendo justificados gratuitamente pela sua graça, pela redenção que há em Cristo Jesus, ao qual Deus propôs para

propiciação pela fé no seu sangue, para demonstrar a sua justiça pela remissão dos pecados dantes cometidos, sob a paciência de Deus (Romanos 3: 23-25).

Jesus morreu para que fôssemos remidos por seu sangue, Ele é a nossa justiça, o nosso galardão, nosso advogado fiel, a nossa riqueza eterna que dirá ao Pai no dia do Juízo: "Meu pai, este é remido meu, clamou por mim na angústia e eu o socorri. O meu sangue está sobre este pecador arrependido e foi por ele que o derramei naquela Cruz, para que agora, diante de Ti, meu pai, pudesse ser salvo!".

CAPÍTULO 6
O JUSTO VIVERÁ PELA FÉ

Os dias estão se findando. Dia após dia, percebemos que o mundo está sendo consumido pelas trevas. Pestes, fomes, tragédias que deixam a população estarrecida e com grande pranto. É grande o clamor de dor que se levanta a cada situação que surge. "O ranger de dentes" já está acontecendo. Estamos vivendo o que a Bíblia chama de sinais proféticos, que servem para os que creem. Ao contrário do que todos afirmam, que são avisos finais para aqueles que ainda se encontram longe de Jesus, os sinais e as profecias é a confirmação para a Igreja fiel que é chegado o momento. Ao presenciar cada acontecimento, o mundo prefere encontrar razões lógicas, científicas e até mesmo chamar de fatalidade, está desatento, mas a Igreja está vigilante! "Mas todas essas coisas são o Princípio de dores" (Mateus 24:8).

O povo de Deus ainda se encontra neste mundo, passa também por angústias e aflições. O justo é provado, passa pelo vale da sombra da morte, pelo vale de ossos secos, mas não está sozinho. Há momentos em que o desespero quer nos consumir, colocar dúvidas em nosso coração. Nossos olhos humanos não enxergam solução, porém é nesse momento, quando achamos que chegamos ao limite, que a doce voz do Espírito enche-nos de força, dando-nos a condição de irmos além, depois de achar que não íamos mais suportar.

Podemos ver a mão poderosa do Senhor agir em nossas vidas, trazendo alento, consolo, forças. Toma nossa dor para si. "Pelo que sinto prazer nas fraquezas, nas injúrias, nas necessidades, nas perseguições, nas angústias, por amor de Cristo. Porque, quando estou fraco, então, sou forte"(2 Coríntios 12:10).

O Senhor se faz presente, e é nessa certeza que iremos glorificá-lo na dor. Talvez essa seja uma das recomendações mais difíceis de se seguir, glorificar em meio ao sofrimento, em meio às lágrimas, dor que dilacera a alma, e termos que engolir o choro e glorificar, clamar a Deus, cantar louvores.

Vou contar-lhes uma experiência que tive acerca de glorificar na dor. Estava trabalhando e, por ser final de ano, não sabia se teria pagamento. Orei, e o Senhor revelou que eu deveria fazer uma semana de jejum e que o resultado seria para que minha casa glorificasse ao nome Dele. Confesso que fiquei feliz, na certeza de que teria meu salário. Tamanha foi a surpresa quando chegou o dia e não recebi. Chorei inconsolável e questionei ao Senhor, e eis que Ele me respondeu: Glorifique ao meu nome em meio à dor! Então, mesmo sentindo uma tristeza imensa, comecei a glorificar, em soluços e lágrimas. Algo maravilhoso aconteceu, senti toda a tristeza ir embora ao passo que minha confiança de que tudo daria certo, e realmente ficou tudo bem. Tudo é para nos moldar, nos aperfeiçoar.

Este é o conselho: não olhes para as lutas! Olhe para as benfeitorias das quais já recebeu de Deus, as bênçãos que recebeu até o momento e que foram motivos de muitas orações no passado, choro e súplicas, mas que recebeu, no tempo Dele que é perfeito!

Deus te ouviu e continua a inclinar os ouvidos para te ouvir e não permitirá que um servo amado venha a padecer durante as provas. A oração do justo move a mão de Deus de lugar para abençoar. "E tudo que pedirdes na oração, crendo, o recebereis" (Mateus 21:22).

Enquanto o povo de Israel caminhava pelo deserto, nada lhes faltou. O Senhor proveu todas as coisas nos mínimos detalhes e Ele é o mesmo daqueles dias. É o mesmo dos dias de Noé, de Jacó, de Davi e continua a operar em nosso meio com grandes milagres e maravilhas. Jamais nos deixará órfãos. Ele não mudou, permanece firme com suas promessas, e os que creem verão a Glória se cumprir em vossas vidas.

Comece a glorificar pelo que já tens, pelo que já recebeste e glorifica por aquilo que foi prometido, porque Deus é o dono do amanhã e já está com tudo preparado. A bênção já está pronta para te entregar, basta ter paciência e fé que alcançará. "Ora, a fé é o firme fundamento das coisas que se esperam e a prova das coisas que se não veem" (Hebreus 11:1).

Todos estamos passando por provações, nem maiores, nem menores que a do nosso próximo, mas suficientes para sermos colocados diante do Senhor em súplicas e petições. Não para sermos libertos das provas, e sim para termos forças para vencê-las. A cada batalha, saímos mais fortes, mais confiantes e mais dependentes do poder e do amor de Deus.

Tenha a certeza de que os fortes, em algum momento, choram, desanimam, se cansam e buscam refúgio no único que é suficiente e tem suas forças renovadas para prosseguir. Olhe para tudo que você já conquistou e lembre-se de que também teve medo no passado e, mesmo assim, você venceu, e agora não será diferente com esta prova que está enfrentando. Creia! Vai passar! Viveremos pela fé, sabendo que o nosso Senhor está vivo.

CAPÍTULO 7
SOMOS VASOS IMPERFEITOS

A sociedade insiste em olhar para um servo de Deus e buscar ali um indivíduo perfeito. Curiosamente, já observei que, quando uma pessoa quer passar a imagem de que é alguém de confiança, trata logo de avisar que é cristão. Muitas vezes, até mesmo em entrevistas de emprego, os entrevistadores buscam saber se o candidato é evangélico.

Por um lado, isso é bom, pois a sociedade reconhece, como devem andar verdadeiramente aqueles que caminham segundo as orientações do Evangelho, então nosso testemunho é observado e provado a todo instante. Aqueles que não se encontram ainda bem firmados, ou nunca foram de fato alicerçados na rocha que é Jesus, acabam por dar um mau exemplo e, pior, denegrindo a congregação a qual está frequentando.

Somos vasos imperfeitos, reconhecemos nossas falhas, pedimos perdão e buscamos todos os dias andar em retidão e santificação. O velho homem precisa ser morto a cada instante em nossas vidas e, assim, por meio de nossa humildade que sobrepujará em nós a Luz do Espírito Santo, o doce e suave perfume de Cristo que é percebido por todos ao redor.

O mundo está cheio de orgulhosos, soberbos, senhores apóstatas, fariseus dos dias atuais e amantes de si mesmos. E eu me pergunto: qual o momento no Evangelho que diz que o homem deve comportar-se dessa maneira? Em que momento Cristo, durante sua passagem pela Terra, foi soberbo e se julgou melhor que os demais? "E o verbo se fez carne e habitou entre nós, e vimos a sua glória, como a glória do Unigênito do Pai, cheio de graça e de verdade" (João 1:14).

O grande rei se fez carne e não veio para ocupar um trono, Ele veio para servir. E quando seus apóstolos já o reconheciam como filho de Deus, por presenciarem as grandes maravilhas que operava, Ele se curvou diante de cada um e lavou seus pés. Ele não queria ser visto como grande, mesmo sendo. O mais humilde, por onde passava, deixava marcas de amor. Ninguém deu crédito ao que dizia, mas seu ato na Cruz calou os que se julgavam grandes, e hoje podemos dizer que nos salvou, nos amou primeiro, mesmo sem merecermos. Em Isaías 53:1-4:

> Quem deu crédito à nossa pregação? E a quem se manifestou o braço do SENHOR?
>
> Porque foi subindo como renovo perante ele e como raiz de uma terra seca; não tinha parecer nem formosura; e, olhando nós para ele, nenhuma beleza víamos, para que o desejássemos.

> Era desprezado e o mais indigno entre os homens, homem de dores, experimentado nos trabalhos e, como um de quem os homens escondiam o rosto, era desprezado, e não fizemos dele caso algum.
>
> Verdadeiramente ele tomou sobre si as nossas enfermidades e as nossas dores levou sobre si; e nós o reputamos por aflito, ferido de Deus e oprimido.

Somos vasos imperfeitos, somos todos pecadores, estávamos destituídos da Glória, mas tamanho foi o sacrifício da Cruz que sua graça nos alcançou. E o que diremos nós? Para onde iremos se somente Ele tem palavra de vida eterna? Falhos que somos, seremos moldados como vasos. Não somos nada, somos barro, às vezes, ressecados e levados ao pó e refeitos novamente.

O vaso depois de moldado pelas mãos do Oleiro ainda passa pela fornalha. O oleiro retira o vaso e bate na sua borda com instrumento de metal e o som deve ecoar em todo o seu interior e em toda a sua extremidade. Além de sair mais resistente, libera o mais perfeito som, e enquanto não ouvir da boca do vaso o som, se sair baixo, fofo e abafado, ele volta para fornalha. Assim somos nós, de nossos lábios sair o perfeito louvor, a perfeita adoração e glorificação. "Não poderei eu fazer de vós como fez este Oleiro, ó casa de Israel? – Diz o SENHOR; eis que, como o barro na mão do oleiro, assim sois vós na minha mão, ó casa de Israel" (Jeremias 18:6).

Santo e soberano Deus que fez uma perfeita comparação a Jeremias, de como deve ser a vida de um servo, como a de um vaso nas mãos do oleiro. O barro é escolhido, retirado cru da natureza, deixado de molho, amassado com os pés, depois vai para o toldo no qual o oleiro começa a trabalhar de dentro para fora, moldando, molhando, às vezes, se quebra todo e, então recomeça tudo de novo, com paciência e amor; então é levado à fornalha por 24 horas, em média, a uma temperatura mínima de 900 ºC; bate em sua borda para saber que som reproduzirá; depois de retirado e resfriado, vem o processo da lixa, depois cortes com navalha para os desenhos e só então são pintados.

Que possamos, então, ser comparados a vasos de Deus. Passando pelo mesmo processo de fabricação e saindo da fornalha, que são as provações, mais resistentes e ecoando em nosso ser a voz de Deus, saindo de nossa boca perfeito som de glorificação, adoração e profecias, de experiências, de testemunho, do grande amor que Deus tem por nós e continuar a ecoar perpetuamente até os confins da Terra; até a volta grandiosa do nosso Senhor Jesus. E se tivermos que cair, nos quebrar por inteiro e voltarmos ao pó para sermos refeitos, que assim seja feita a vontade do Senhor. O importante é sabermos buscar sempre por nossa restauração.

CAPÍTULO 8
UMA NOVA CRIATURA

É preciso muita coragem quando decidimos firmar nossos passos na presença do SENHOR. A verdade é que não há como não atender ao chamado, uma vez que somos pré-eleitos. Viemos da eternidade e para lá devemos retornar. Nossa vida aqui é uma simples e conturbada passagem. Como um grande teste no qual estamos a todo o tempo sendo provados.

Nossos dias são contados. Nossos passos errantes também já estavam previstos por Deus. O que quero dizer é que, desde que damos ouvidos ao chamado, é nesse momento que nossa vida começa a modificar. Acontece uma transformação significativamente percebida por todos que nos cercam.

É preciso atentar a um detalhe. Quando o crente se converte, existe um querer próprio do homem em querer mudar em tudo. Passa a não ter mais velhos hábitos que desagradam ao Senhor. Até as vestes modificam; interessante ressaltar que é admirável essa iniciativa, porém o que o novo convertido não entende é que quem precisa moldar o coração é o Espírito, e não é por força nem por violência. Sentir no coração o chamado e não olhar para os lados, nem para os obstáculos, mas crer que precisamos ter nossa vida transformada pelo Senhor.

Não adianta uma mudança por conveniência, mas sentir que vem do Senhor o desejo de mudar, pois somente o Espírito é quem pode convencer o homem do erro, e essa mudança é gradativa, de modo que, ao concluir cada processo, o servo dificilmente tornará a cair.

> Todavia, digo-vos a verdade: que vos convém que eu vá, porque, se eu não for, o Consolador não virá a vós; mas, se eu for, enviar-vo-lo-ei. E, quando ele vier, convencerá o mundo do pecado, e da justiça, e do juízo: do pecado, porque não creem em mim; da justiça, porque vou para meu Pai, e não me vereis mais; e do juízo, porque o príncipe deste mundo está julgado (JOÃO 16: 07-11).

É um perigo quando o recém-convertido não possui esse entendimento. Muitos já me disseram que não se convertem porque não conseguem largar algum vício, ou que gostam de usar calças, maquiagens, cortar os cabelos; e já teve até quem alegasse que não possui saia e, por isso, não poderia ir para Igreja. Existe um grande equívoco aqui, e, por conta de tanta desinformação, a Obra de Deus perde vidas.

Venha como está, venha sem demora porque Jesus está a te chamar, não olhe para os lados, apenas siga olhando o alvo e permita que o Espírito trabalhe em sua vida com amor e com zelo, sem te humilhar porque o Evangelho confronta, mas não envergonha. Quem condena são os usados por Satanás. Jesus Salva, e o Espírito Santo convence.

Não dê ouvidos às palavras contrárias, não fique triste se muitos se retirarem de sua vida; é feita mesmo uma limpeza em sua vida. Será retirado de você tudo que não glorifica a Deus e não sentirá falta porque o que permanecer será puro e real com pessoas que realmente te amam e querem o seu bem, presenciando o seu crescimento pessoal e espiritual.

Uma nova criatura, que todos os que te conheciam notarão a diferença. Um brilho especial, porque, quando aceitamos a Jesus verdadeiramente, a mudança é inevitável. Apenas confie que o Senhor cuidará de você, que os planos que Deus tem para sua vida são bons, e, mesmo que não compreenda no momento, mesmo que seus olhos não enxerguem, Ele estará agindo em seu favor.

CAPÍTULO 9
O SERVO FIEL E O SERVO INFIEL

Este capítulo, para mim, se tornou o mais especial que os demais. Porque foi o primeiro revelado em um sonho. O Senhor deu um lindo sonho, e nele um servo foi usado e dizia para mim: "Minha serva, eu quero que você escreva sobre o servo fiel e o servo infiel!". Então comecei a escrever, e o Senhor revelando o que gostaria que escrevesse.

Poucas são as Igrejas que estão a pregar o verdadeiro Evangelho de Cristo. Observa-se Igrejas lotadas e, na verdade, muitas se enveredaram por caminhos contrários à Palavra de Deus. Pregam de modo a agradar ao homem para que o mantenha ali cativo. Os cultos pregam como enriquecer nessa terra, prosperidade e são pobres de alma, porque são enganados, sendo ensinados a buscarem Cristo somente para esta vida.

São como vale de ossos secos como no livro de Ezequiel 37:01, espalhados e misturados, mortos sem o Espírito. Assim são essas Igrejas sem a direção do Espírito Santo. Além de pregar a riqueza, ainda ungem objetos, materializado a Fé, prometendo que quem utilizar estará protegido, confundindo a Fé dos fiéis, tirando a Glória de Deus e passando a crer nesses utensílios, idolatrando-os. Óleo ungido, sabonetes, águas, suor do pregador em toalhas: saiam do engano! Conheçam a Palavra de Deus com profundidade e reconheçam que seremos salvos pela Graça de Deus, por meio do sacrifício de Cruz. Tomar para si tais objetos é acreditar que eles possuem poderes sobrenaturais, usando como amuletos de sorte, objetos de cura, algo bem parecido a simpatias e feitiçarias. Falsos profetas, servos infiéis levando multidões a crerem em suas mentiras, anarquizando o Evangelho de Deus. Quem tem comunhão com o infiel terá a mesma comunhão que ele.

O ser humano precisa tocar para acreditar, criar amuletos, imagens, reverenciar e crer que terão seus anseios atendidos. Um servo infiel que não conhece sequer o que a Palavra de Deus diz. No livro de Números 21:08-09, está escrito:

> [...] e disse o SENHOR a Moisés: fase uma serpente ardente e põe-na sobre uma haste; e será que viverá todo mordido que olhar para ela. E Moisés fez uma serpente de metal e pô-la sobre uma haste; e era que, mordendo alguma serpente a alguém, olhava para a serpente de metal e ficava vivo.

Observem, o Senhor manda Moisés construir uma serpente. Mas vejam mais adiante, no Livro de 2 Reis 18: 03-04, o que acontece com essa serpente:

> E fez o que era reto aos olhos do SENHOR, conforme tudo o que fizera Davi, seu pai.
>
> Este tirou os altos, e quebrou as estátuas, e deitou abaixo os bosques, e fez em pedaços a serpente de metal que Moisés fizera, porquanto até àquele dia os filhos de Israel lhe queimavam incenso e lhe chamavam de Neustã.

Deus ordena que tire todas as imagens porque o homem prefere curvar-se e prostrar-se diante de deuses, de imagens; e o ato de mandar fazer a serpente, e destruí-la depois, era para provar que, diante de algo material, o homem passa a depositar a sua fé naquilo que é palpável, naquilo que os olhos podem ver (2 Reis 17: 34-35):

> Até ao dia de hoje fazem segundo os primeiros costumes; não temem ao SENHOR, nem fazem segundo os seus estatutos, e segundo as suas ordenanças e segundo a lei, e segundo o mandamento que o SENHOR ordenou aos filhos de Jacó, a quem deu o nome de Israel.
>
> Contudo, o SENHOR tinha feito um concerto com eles e lhes ordenara, dizendo: Não temereis a outros deuses, nem vos inclinareis diante deles, nem os servireis, nem lhes sacrificareis.

Nesse último trecho da Palavra, temos uma boa explicação de que não podemos materializar e muito menos depositar nossa Fé em um objeto. O povo de Deus, ao atravessar o deserto, estava tendo muitos ataques de serpentes. Por isso, foi ordenado a Moisés que fizesse a imagem de uma serpente. A fé depositada na imagem foi tamanha que no livro de João 3:14-15 está escrito: "E, como Moisés levantou a serpente no deserto, assim importa que o Filho do Homem seja levantado, para que todo aquele que nele crê não pereça, mas tenha a vida eterna". Uma clara referência de que, se o homem é capaz de confiar, crer em uma imagem, era preciso que Jesus fosse levantado da mesma forma, tirando assim o foco da idolatria pela imagem e mostrando que só Jesus pode nos dar o que precisamos.

Servos infiéis que não sentem interesse algum em mostrar a verdade para suas ovelhas. Homens amantes de si mesmos, vasos rachados que não retêm o óleo do Espírito, vazando por suas rachaduras. Um dia até foram usados com Graça e hoje distorcem a verdade trazendo para si a fama, o poder sobre a Terra. Fazendo muito barulho e arrastando multidões atrás de seus enganos. Multidão essa que peca também por não fazer questão de conhecer a Palavra de Deus, de conhecê-la em Espírito e em verdade. Preferem a voz enganosa de pastores que mais parecem astros com palavras bonitas, mas que representam o canto enganoso de lobos devorando ovelhas. E disse Jesus aos discípulos: "É impossível que não venham escândalos, mas aí daquele por quem vierem! Melhor lhe fora que lhe pusessem ao pescoço uma pedra de moinho, e fosse lançado ao mar, do que fazer tropeçar um destes pequenos" (Lucas 17: 1-2).

Tem ainda eventos absurdos dentro dos templos como festas mundanas de Carna Gospel, Shows Gospel, Festa Gospel anos 60, louvores em ritmo de funk, batidão, samba, bingos, rifas (lembrando aqui que o homem deve sobreviver do suor de seu rosto), pagode, e a lista é extensa. Oras, se alegam que o culto é uma pequena demonstração do que é o céu, eu imagino como seriam essas músicas sendo cantadas lá. A Igreja não deve adequar-se ao mundo, o mundo é que está em perdição e precisa adequar-se ao Evangelho. O mundo está invadindo as Igrejas, e pastores estão permitindo para agradar ao homem e manter a casa cheia, mesmo que isso vire uma balbúrdia. Nada mais é do que crente com saudades das festas mundanas.

Já vi situações de membros de algumas Igrejas dançarem tanto que rasgavam suas vestes como sinal de histeria. "Porque Deus não é Deus de confusão, senão de paz como em todas as igrejas dos santos" (1 Cor 14:33). Atentai-vos povo de Deus! Vigiai! Se ainda sente desejo da carne de pular, de gritar, de dançar, permaneça no mundo, mas não leve jamais o mundo para dentro das Igrejas. Não se serve a dois Senhores!

Servos infiéis que prometem dentro das Igrejas a trazer a pessoa amada em alguns dias, outros cobram por cada oração, e há preços tabelados para cada necessidade. Se de graça recebeu, para que cobrar? Realizam bingos, rifas, jogos de azar dentro das próprias Igrejas, e sabemos que devemos sobreviver do suor de nosso rosto e do fruto do trabalho de nossas mãos. O véu se rasgou, qualquer pessoa tem livre acesso ao pai por intermédio de Jesus, que derramou seu sangue para nos salvar. Não foi Maria, reconhecemos a importância dela em ter dado à luz a Jesus, mas é só. Não há outro caminho para Deus que não seja por intermédio de Jesus. Somente Jesus.

O Servo fiel busca na Palavra, que é completa, uma nova forma de vida. Tem a Bíblia como livro norteador em suas atitudes. Ela se revela para quem renuncia aos maus costumes e anda em comunhão por meio de Graça para se alcançar a revelação – Jejum, madrugada, oração, clamor, louvor e leitura à Palavra – e se desapega de tudo desse mundo, anseia a volta de Jesus. Perde-se a ganância, a luta pelo poder, e carrega consigo a humildade. Anula-se como pessoa para adquirir a imagem de Cristo, o bom perfume, o aroma suave e delicado. É algo maravilhoso quando outras pessoas, ao nosso redor, reconhecem em nós que há algo diferente, um brilho. Uma luz inexplicável. É a Luz do Senhor. Somos luz neste mundo, a esperança para aqueles que andam tristes e desanimados e, como servos fiéis, levamos o amor, com que nos amou Jesus. Somos o testemunho desse amor, e há em nós sinceridade em nosso agir, porque somos tementes a Deus. Devemos possuir a sua imagem e semelhança porque foi Ele quem nos criou e, do barro até o vaso, deixou em nós as suas digitais.

O Servo Fiel trabalha na Obra com amor, gratidão pelos benefícios imerecidos, sem querer nada em troca. Fazer tudo por amor ao nosso Senhor, oferta de amor pelo cuidado que Ele tem por cada um de nós. Devemos saber separar o estranho do espiritual e entender que o Governo da Obra do Espírito Santo é delicado, organizado, e que só alcançará a Graça da revelação quem estiver em Comunhão.

CAPÍTULO 10
O EVANGELISTA

Somos viajantes em terras estranhas, não somos daqui nem viemos para ficar. Viemos para levar a semente do Evangelho a toda criatura. Oferecemo-nos espontaneamente por amor ao próximo, doamo-nos, assim como se doou Jesus por nós, que nos amou primeiro sem merecermos e estamos sempre prontos a obedecer porque os verdadeiros convertidos compreendem o que é amar ao próximo mesmo que esse não possua um laço sanguíneo, ou até mesmo quando somos feridos, ainda assim oferecemos a outra face quando nos doamos com sinceridade e amor, fazendo parte de um Evangelho vivo e conduzidos pelo Espírito Santo.

Este é o momento de despertar; muitos ainda não conhecem a Jesus Cristo revelado. Muitos o pregam morto na Cruz; Ele não está mais lá. Outros tantos já ouviram falar de Jesus, mas não buscam ter um verdadeiro encontro com Ele e permanecem na escuridão. Desconhecem os meios para se alcançar a Graça, desconhecem os dons espirituais; e sem a revelação não há a comunhão, muito menos a direção do Espírito Santo. Uma Igreja sem a direção do Espírito está fora do Projeto porque não passa de razão humana, ou seja, religiosidade. Correm, cansam, desesperam-se, buscam meios que substituam a presença do Espírito para manter ali cativo cada membro, transformando os cultos em heresias, eventos mundanos adaptados ao gospel. "E disse aos discípulos: É impossível que não venham escândalos, mas ai daquele por quem vierem!" (Lucas 17:1).

Em Mateus 4:19, está escrito: "E disse-lhes: Vinde após mim, e eu vos farei pescadores de homens". Deus tem lançado de seus cuidados, tem levantado servos valentes que questionam essas aberrações, que buscam na Palavra e, em comunhão, alcançam a revelação, tornam-se evangelistas fiéis em busca de almas que se perderam, que desistiram da caminhada por não encontrarem repouso e descanso, ovelhas feridas, machucadas, pois se frequenta um culto desorganizado, logo se desanima em meio à confusão e falta de respostas para os seus anseios. Buscam quietude para a alma, mas não encontram paz.

O Evangelista precisa ter muita sabedoria para que não acabe caindo ao tentar socorrer uma ovelha perdida. Há ainda alguns servos que não se aproximam de um irmão caído por alegarem que vão se contaminar; é outro engano. O bom pastor foi em busca da ovelha ferida. Tem alguns que citam ainda o Salmos 01 e negam ajuda a quem precisa. Vejamos o que ele diz: "Bem-aventurado o varão que não anda segundo o conselho dos ímpios, nem se detém no caminho dos pecadores, nem se assenta na roda dos escarnecedores" (Salmos 01:01). Explica que, para socorrer um pecador, não precisamos compactuar com o que é errado, mas buscar alertar os passos em falso e aconselhar. Jesus veio para o pecador, para que possa arrepender-se e ser salvo.

Outra observação é: acaso existe santo sobre a Terra? Acaso não somos todos nós pecadores? Nossa falha é menor que a do outro? Existe medida para se poder pecar? Pecado é pecado e pronto.

Quando se propõe a evangelizar, ou seja, falar da salvação, é preciso, além de sabedoria, ter discernimento. Geralmente, o necessitado, aquele que está sedento, já teve seu coração preparado pelo Espírito do Senhor, então é só lançar a semente que ela germinará. Tem servos que chegam de repente e falam para a pessoa: Já ouviu falar de Jesus? Eu fico pasma. Quem ainda não conhece Jesus? Pode não ter tido uma experiência, mas já ouviu falar, sabe quem Ele é. Uma abordagem completamente equivocada, pois, se aquele coração não tiver sido preparado pelo Senhor, em vão será lançar as sementes em terras secas. No livro de Mateus 7: 6, está escrito: "Não deis aos cães as coisas santas, nem deiteis aos porcos as vossas pérolas; para que não as pisem e, voltando-se, vos despedacem". Nessa passagem, explica exatamente que o Evangelho não deve ser entregue a qualquer pessoa. O evangelista será ridicularizado por essas pessoas.

O verdadeiro evangelista sabe exatamente a hora de agir porque está em constante comunhão e oração. Não é por força nem por violência; quem está pronto para receber saberá enxergar em você a Luz do Senhor e precisa ser paciente, é um trabalho lento e precisa ser regado com muito amor e tornar-se disponível na vida da pessoa sempre que ela precisar de seu auxílio. Acompanhar, orar juntos, socorrer até que a pessoa se sinta pronta para descer às águas. Quem prepara tudo é o Senhor.

Há um mundo que quer ouvir as razões de nossa Fé, quer sentir a paz que sentimos, exalar o bom perfume de Cristo sem cobranças ou perguntas desnecessárias que afugentam. Seremos, nesses últimos dias, boca de Deus anunciando a volta de Jesus, seremos o som da trombeta a soar, avisando que Jesus vem sem demora. Tudo já se cumpriu, não há mais nada para esperar. Os sinais todos já se cumpriram, e como Igreja fiel estamos atentos.

O grito do Evangelista é o testemunho, a certeza do Projeto ao qual fomos chamados. Às vezes, somos levados a lugares que não compreendemos, mas precisamos obedecer. Entendemos que estamos aqui para realizar um Obra, a levar o verdadeiro Evangelho. Ele é a nossa vida, e tudo gira em torno dEle.

Somos direcionados a trabalhar em funções, longe daquilo que nos formamos, um salário inferior do que aquilo que esperamos, mas somos colocados pelo Senhor, porque exatamente nesse local poderá ter alguém que precisa ser evangelizado, ouvir do amor do Senhor com que nos amou e somos o instrumento da Palavra. Precisamos entender que não viemos ao mundo para realizações pessoais nem acumular fortunas, viemos para trabalhar para Obra de Deus, para o Projeto de Salvação.

Enquanto estivermos nessa jornada, todas as nossas necessidades serão supridas, nada faltará porque Ele suprirá. Toca corações, e estes, por sua vez, vêm em nosso auxílio. O agir de Deus é lindo demais na vida do servo fiel. Ele opera maravilhas onde o olho humano jamais imaginou que poderia surgir ali um milagre. Ele é o mesmo, ainda realiza milagres, é o mesmo dos dias de Jacó, de Abraão, de Moisés, e nada terá o poder de mudar o que Ele sente por nós. Apenas confie e obedeça seguindo os caminhos propostos pelo Senhor.

Quando minha filha recebeu o diagnóstico de que precisava de acompanhamento psicológico, eu chorava muito porque não compreendia porque precisava passar por aquilo, mas segui e fui em frente. Toda vez que havia a consulta, na sala de espera, uma moça se aproximava e fazia muitas perguntas sobre a Igreja, sobre Jesus. Como eu disse antes, a alma sedenta reconhece a luz, porque já está sendo trabalhada pelo Espírito. É preciso estar sensível para perceber a hora e as palavras certas para falar. Então comecei a evangelizar essa moça. Acompanhei, e ela passou a visitar a Igreja. Logo, a Igreja também se empenhou em assisti-la e fazer visitas. Após feito isso, minha filha teve alta. Só então compreendi o propósito de estar ali: o Senhor queria salvar aquela vida.

Somos instrumentos nas Mãos do Senhor, levados a diferentes lugares com o único propósito: bendizer o seu Santo Nome e evangelizar apenas pela gratidão em termos sido resgatados dos braços da morte, somos gratos pelo amor incondicional com que nos concedeu sem pedir nada em troca. Um dia refizemos a aliança, um dia estávamos perdidos, e um evangelista nos resgatou com amor e, desde então, tomamos uma nova direção. Tudo passou a fazer sentido, e finalmente nossa alma encontrou repouso. Não temeremos jamais em repetir: Eis-me aqui Senhor! Usa-me a mim! Não mais vivo eu, mas Cristo vive em mim.

CAPÍTULO 11
A IGREJA FIEL SUBSISTIRÁ

A Igreja já sofreu os mais variados tipos de ataques, com cristãos queimados em fogueiras, crucificados, decapitados, enforcados, apedrejados até a morte, esquartejados, jogados nas arenas com os leões e servirem de atração ao público, também jogados nas covas junto aos leoninos para serem devorados e nas fornalhas para serem queimados vivos. Tudo isso porque não negavam a Fé em Jesus.

Em alguns lugares do mundo, ainda existem perseguições e massacres para calar a voz do povo de Deus, para impedir que a Igreja fiel propague seu Evangelho. Afinal, quem poderá nos calar? Quem calará o grito que há em nossa garganta? Se calarmos por um momento de fraqueza que seja, se os profetas se calarem, as pedras falarão. "E, respondendo ele, disse-lhes: Digo-vos que, se estes se calarem, as próprias pedras clamarão" (Lucas 19:40).

Mesmo em países onde o cristianismo pode ser pregado, ainda assim existem as perseguições, o que não deixa de ser uma agressão ao Evangelho. Por que não haveria de ser? Sorrateiramente difamam a imagem de Cristo, tentando corromper o que é Santo com suas imundícies satânicas.

Esperam que o cristão se sinta ofendido a ponto de redarguir, que nos levantemos contra e gritemos. Esperam que nos rebaixemos ao nível deles para que a luta fique de igual para igual, mas o servo de Deus fiel precisa entender que, quanto mais atacados, mais calados precisamos ficar, assim como nos ensina Jesus em Mateus 11:29: "Tomai sobre vós o meu jugo, e aprendei de mim, que sou manso e humilde de coração, e encontrareis descanso para a vossa alma". Temos a certeza de que todos esses ataques são sinais e profecias cumprindo-se e que tudo isso é prenúncio da volta de Jesus.

Muitos cristãos estão caindo nas armadilhas, nas ciladas preparadas, porque o inimigo é ardiloso e sabe exatamente o local da ferida que deve ser tocado para inflamar a ira nos servos que ficam indignados tentando rebater as acusações infames.

Já presenciamos de um tudo, e os ataques já foram os mais variados possíveis. Em poucos meses, criaram filme apontando Jesus como homossexual, e logo surge na mídia os ataques pela internet na tentativa de rebater. Depois levaram o Evangelho para a maior festa demoníaca do Brasil, na qual Satanás vencia Jesus, e havia cenas em que ele humilhava Cristo, e novamente os crentes (que crê) se levantaram formando uma guerra religiosa. Mas onde está a diferença? Se a Palavra nos diz que somos povos eleitos e remidos pelo sangue de Jesus e que não devemos nos abater pelas coisas terrenas, em breve, vamos partir, para que vos abater? Em Filipenses 3:17-21, temos:

> Sede também meus imitadores, irmãos, e tende cuidado, segundo o exemplo que tendes em nós, pelos que assim andam.
>
> Porque muitos há, dos quais muitas vezes vos disse e agora também digo, chorando, que são inimigos da cruz de Cristo.
>
> O fim deles é a perdição, o deus deles é o ventre, e a glória deles é para confusão deles mesmos, que só pensam nas coisas terrenas.
>
> Mas a nossa cidade está nos céus, donde também esperamos o Salvador, o Senhor Jesus Cristo,
>
> que transformará o nosso corpo abatido, para ser conforme o seu corpo glorioso, segundo o seu eficaz poder de sujeitar também a si todas as coisas. (Filipenses 3: 17-21)

Quando Jesus foi açoitado, Ele ficou como ovelha muda nas mãos dos seus tosquiadores; Ele não esperneou, apenas se calou. Precisamos silenciar, ficarmos firmes nas promessas, no partir e na comunhão do pão que é Cristo. Em Atos 2:42, está escrito: "E perseveraram na doutrina dos apóstolos, e na comunhão, e no partir do pão, e nas orações".

Acorda nação de Deus! Sejais-vos vigilantes Igreja Fiel, não se rendam às provocações do mundo! Para que o alarde? Jesus está às portas. Se chegar o momento que tanto esperamos, e você se encontrar irado, fora da comunhão, ficará de fora do arrebatamento e não terá segunda chance. Precisamos estar preparados, de coração puro, sem nenhuma pendência. É por isso que devemos deixar muita coisa de lado, liberarmos rápido o perdão porque ninguém sabe o dia nem a hora em que virá o filho do homem. Nem mesmo os anjos, nem mesmo Jesus sabe o momento senão o pai, todo poderoso, nosso Deus.

Os ataques à Igreja e contra os servos do Senhor sempre existiram e subsistimos, resistimos bravamente. Nada interromperá o projeto. As arenas, as fornalhas, as perseguições, as fogueiras, nada nos calou, e estamos de pé, subsistindo mesmo sentindo a carne rasgar. A morte de um serve de testemunho para centenas de outras vidas. Que amor é esse a ponto de entregar a própria vida? A não se negar diante da morte por esse amor? Que certeza é essa de vida na eternidade? Sempre tentaram nos calar, mas, a cada cristão morto, dezenas eram convertidos ao presenciarem tamanhas renúncias por amor de Cristo.

Estamos preparados, precisamos ficar firmes na rocha que é Jesus. O mundo espera que a gente grite, mas sabiamente nos calaremos. Não é por fraqueza, mas sabedoria! Não seremos atingidos, não seremos abatidos nem derrotados porque sabemos que a cobrança virá sobre eles, uma vez que o mal habita neles, e esse se encarregará de destruí-los.

O servo fiel é atento e se cala, clama pelo Senhor, não se contamina com pormenores, nem tampouco sairemos de nossas posições, que é de comunhão. As ciladas do mundo devorarão os que são do mundo e aqueles que não vigiarem e estiverem fora da comunhão.

"E disse a outro: Segue-me. Mas ele respondeu: Senhor, deixa que primeiro eu vá enterrar meu pai. Mas Jesus lhe observou: Deixa aos mortos o enterrar os seus mortos; porém tu, vai e anuncia o Reino de Deus" (Lucas 9: 59-60). Ficaremos posicionados, não seremos abalados, não seremos pegos pelo laço do passarinheiro. Se em nossa garganta e em nossos lábios houver um grito, este será: Maranata: O Senhor Jesus vêm! Ele vem! Em breve vem! A Ele a honra, a Glória e todo o nosso louvor!

CAPÍTULO 12
A IGREJA COMO UM CORPO

Como servos, estamos vivendo os momentos finais da Igreja Fiel no mundo. Passando por grandes aflições e passaremos por todas elas com o consolo do Espírito Santo. Somos perseguidos por todos os lados, em casa, em nossos trabalhos, nas ruas e até mesmo dentro das Igrejas, onde os irmãos deveriam estar reunidos como um corpo e a todo instante se levanta um para nos tirar de nossa posição, que é a de comunhão e vigilância. Para onde nós iremos? Qual o socorro para os dias nublados?

Veja bem: quando me refiro à Igreja Fiel, refiro-me à Igreja que vai subir ao encontro de Jesus, e isso está alheio a placas, porque o que vejo são templos contaminados. Todos eles, não existe nenhum perfeito, todos possuem falhas, porém é necessário que o trigo cresça junto ao joio. "Deixai crescer ambos juntos até a ceifa, direi aos ceifeiros: colhei primeiro o joio e atai-o em molhos para o queimar; mas o trigo, ajuntai-o no meu celeiro" (Mateus 13:30). O joio é muito parecido com o trigo, mas há uma diferença: o trigo amadurece, o joio não. Representa os servos dentro das Igrejas que não evoluíram espiritualmente e que não alcançaram o entendimento da obra de Deus. Por conta de muitos ataques, alguns cristãos perderam o desejo de estar dentro de um templo e afirmam que nossos corpos são as igrejas e, por isso, podem fazer suas buscas sozinhos.

A Palavra de Deus fala claramente sobre a reunião do corpo, irmãos reunidos com o propósito de ofertar um culto agradável ao Senhor. No livro de Mateus 18:20, diz: "Porque onde estiverem dois ou três reunidos em meu nome, aí estou eu no meio deles". Nem sempre uma reunião de irmãos significa "Um corpo"; em alguns casos, não passará de aglomeração de pessoas, se não estiverem todos em comunhão com o Espírito Santo, para que Ele possa agir no meio de seu povo. Revelar por meio dos dons Espirituais. Em algumas Igrejas, nem reconhecem os Dons, mas este é assunto de um capítulo próximo.

O véu se rasgou, todos temos livre acesso ao pai. "E eis que o véu do templo se rasgou em dois, de alto a baixo; e tremeu a terra, e fenderam-se as pedras" (Mateus 27: 51). Cada um pode buscar ter a sua intimidade com Deus. Mas sabemos também que a Palavra afirma da importância de estarmos integrados a um corpo que é a Igreja, em oração, zelo e cuidados uns pelos outros. "Oh! Quão bom e quão suave é que os irmãos vivam em união!" (Salmos 133:01).

Essa é a imagem de Igreja que o Evangelho prega, porém, dentro das próprias Igrejas, sofremos investidas, que são ainda piores, pois são ovelhas atacando ovelhas e, às vezes, de outros rebanhos. Mas como assim? Acaso existe outro Salvador além de Cristo? Acaso não estamos juntos na mesma caminhada? Qual intenção existe dentro desses ataques de uma denominação a outra? Qual a necessidade de se provar que uma é melhor que a outra? São perguntas que não saem de minha cabeça. Como podem irmãos tão bem estudados, tão bem instruídos, falácias com vocabulários arraigados, cada um arrotando mais alto sua santidade e suas próprias verdades embargadas de razão humana? Pobres imortais, imundos espirituais. Deus não se agrada disso. Tome tua Cruz e anda. "E dizia a todos: Se alguém quer vir após mim, negue-se a si mesmo, e tome cada dia a sua cruz, e siga-me" (Lucas 9: 23).

A todo momento, somos bombardeados, criticados. Levantam situações, e até vemos pessoas que se dizem cristãs e são fanáticas em suas religiosidades, tendo seus nomes envolvidos em polêmicas levantadas pelo mundo, mas quando o mundo julga engloba todos os representantes de Cristo. Começam as guerras, ofensas, ameaças e recomeçam as perseguições. Todos os cristãos sofrem ameaças por conta desses fariseus dos dias atuais que decoraram o Evangelho para pregarem suas verdades, carregados de suas interpretações pessoais, mas estão longe das profecias que estão além da letra bíblica. Falarei um pouco mais sobre a Bíblia a seguir.

Precisamos entender, como Igreja Fiel, que religiosidade e espiritualidade são duas vertentes que podem caminhar lado a lado, mas que são situações opostas, cada um com seu significado. Vejo que tornaram o Evangelho uma bagunça desmedida que, ao invés de acolher e aumentar seus rebanhos, acabam por afugentar até quem já estava em segurança no aprisco, mas preferem fugir para as montanhas. E difícil é encontrar o pastor disposto a ir atrás da ovelha perdida, a ovelha que dá trabalho é desprezada pelo pastor e pelas demais ovelhas, indo de encontro ao ensinamento deixado por Jesus. Em Mateus 18: 11-14, está escrito:

> Porque o filho do homem veio salvar o que se tinha perdido.
>
> Que vos parece? Se algum homem tiver cem ovelhas, e uma delas se desgarrar, não irá pelos montes, deixando as noventa e nove, em busca da que se desgarrou?
>
> E, se, porventura, a acha, em verdade vos digo que maior prazer tem por aquela do que pelas noventa e nove que se não desgarraram.
>
> Assim também não é vontade do vosso Pai, que está nos céus, que um destes pequeninos se perca.

Como se não bastasse o mundo lá fora, precisamos esquivar-nos de ataques dentro de nossas próprias denominações ou de servos de outras denominações. Isso é a definição de corpo, citada nas cartas de Paulo? Acaso é natural que a mão direita provoque danos ao resto do corpo, e podemos dizer que isso é normal? Se a unha do dedão do pé adoece, todo o resto do corpo sente o desconforto causado por ela, sentimos febre e mal-estar. Ou seja, como corpo de Cristo, membros de uma Igreja, se um adoece, todos os membros sentem; e não sentindo a dor do outro, esse corpo está doente espiritualmente, está morto. Mas o que vemos é que, se uma ovelha se perde, ela deve estar preparada para ser desprezada caso ela caia e saia da presença do Senhor. Ainda usam o Salmo 01:1 para justificar tal atitude, erroneamente interpretando o que está ali escrito: "Bem-aventurado o varão que não anda segundo o conselho dos ímpios, nem se detém no caminho dos pecadores, nem se assenta na roda dos escarnecedores". Esse versículo fala claramente que não podemos compactuar com o erro. Sentar à roda é querer dizer que eu concordo com o que é errado. Isso não quer dizer que não podemos socorrer e estender a mão ao necessitado.; isso é curar as feridas da ovelha, mostrar o caminho e tentar trazer de volta para o rebanho e ter um carinho especial por essa ovelha.

Muitos são chamados e poucos serão os escolhidos por conta de suas atitudes incapazes de agir como Jesus agiria. Servos que um dia foram muito usados, mas que deixaram o orgulho lhes subir à cabeça e profanaram o altar com suas imundícies, com suas razões e deixaram de ouvir a voz do Espírito. Servas dominadas por provocações, fofocas, invejas, exibicionismo de trajes, cada uma querendo aparecer mais que as outras. Querem assumir a frente de todos os trabalhos na Obra e humilham as outras irmãs, tudo para provar para os pastores que são boas e prestativas, mas, por trás, estão a pisar em outras para sobrepujar aos olhos dos demais. Bajuladores, tornam-se infames em busca de cargos, funções, como se funções fossem levar diretamente ao céu. O que presenciei foi a intimidação e manipulação em troca de cargos dentro da Igreja, "ou fazem o que estou mandando ou vai perder suas funções". Eu vi e ouvi isso pessoalmente. É uma tristeza, fazerem tudo isso em nome de Deus. Onde está a humildade? Em Efésios 4: 1-6, temos:

> Rogo-vos, pois, eu, o preso do Senhor, que andeis como é digno da vocação com que fostes chamados, com toda

> a humildade e mansidão, com longanimidade, suportando-vos uns aos outros em amor, procurando guardar a unidade do Espírito pelo vínculo da paz: há um só corpo e um só Espírito, como também fostes chamados em uma só esperança da vossa vocação; um só Senhor, uma só fé, um só batismo; um só Deus e Pai de todos, o qual é sobre todos, e por todos, e em todos.

Desde o dia em que aceitamos a Cristo, que decidimos mudar nossas vidas, por onde andamos somos logo identificados pela luz que carregamos, que é diferente. Seremos perseguidos de todos os lados e, no local aonde vamos para nos refugiar do mundo, dentro dos templos, sofremos nossas maiores investidas. O corpo era pra proteger todos os membros, mas, ao invés disso, atacam uns aos outros.

Precisamos ter ciência e sabedoria de que nessa última hora não haverá mais nenhuma denominação perfeita, todas estão contaminadas. Entendemos que a Igreja, com a reunião dos irmãos em comunhão com o Espírito, é um corpo. O rebanho precisa ser apascentado, em segurança, e acolhido. O local pelo qual nosso coração almeja, nossa alma anseia estar, porque ali teremos paz e quietude. O mundo está em regressão, em desmonte natural, e a Igreja precisa ser nosso aprisco seguro e o preparo diante do mundo para as bodas com o cordeiro. Assim sendo, precisamos verdadeiramente estar juntos em uma mesma comunhão, e o Espírito agirá livremente concedendo revelações, curas, milagres no meio do seu povo. Em I Coríntios 12: 12-14, temos:

> Porque, assim como o corpo é um e tem muitos membros, e todos os membros, sendo muitos, são um só corpo, assim é Cristo também.
>
> Pois todos nós fomos batizados em um Espírito, formando um corpo, quer judeus, quer gregos, quer servos, quer livres, e todos temos bebido de um Espírito.
>
> Porque também o corpo não é um só membro, mas muitos.

Reunidos como corpo recebemos da porção dobrada do Espírito Santo, enfrentamos gigantes, e Deus renova nossas forças a cada culto, a cada reunião para louvá-lo. Quantas vezes vamos até lá de corações sobrecarregados de dor e saímos mais leves. Alegrar-nos-emos nEle, na certeza de com Ele habitar na eternidade. Aprenda a diferenciar quem é Joio e quem é o trigo nas Igrejas e não olhe para o lado para não cair. O mal está infiltrado dentro das Igrejas para adoecer o corpo, assim como um vírus penetra facilmente através de nossas narinas e nos adoece. Aprenda a se blindar com a vacina do Espírito e reconheça quem é bênção no meio do corpo, extirpando aquelas ervas daninhas do seu caminho.

É triste quando me deparo com uma ovelha que foi ferida ferozmente por outra ovelha do mesmo rebanho e, por não suportar, anuncia que vai sair, podendo pôr em risco toda a sua caminhada espiritual até ali. O derramamento do Espírito foi sobre todas as Igrejas, e aquela que for fiel segue as orientações Dele e obedece. Então aconselho que não saia, fique onde Deus te colocou! Em todas elas, haverá o Joio. Não se iluda achando que em outra será melhor! Fique no lugar que Deus o colocou e olhe somente para Ele. Todas possuem falhas. Estamos nos momentos finais e precisamos de POSICIONAMENTO e DEFINIÇÃO!

Não há mais tempo para incertezas, mas, se precisar sair e seguir em outra denominação, tenha o bom senso de não sair falando mal da Igreja que tanto orou pela tua vida, não se esqueça das experiências que viveu e de que tudo que sentiu foi entre você e Deus. Então, pare de ser mesquinho e cuspir no prato que tanto te alimentou. Siga a orientação do Senhor, se foi Ele quem te mandou sair e pregar o Evangelho mundo afora, tudo bem, saia! Agora, se o que te levou a sair foi a razão humana, você está cego espiritualmente e não entendeu o Projeto e, pior, tropeçou nas pedras de Balaão. Nesse caso, o erro está em você, e não se firmará em Igreja nenhuma, tornar-se-á um apóstata infeliz e morto como esses que se dedicam a atacar as denominações alheias. Irmão, pega tua Cruz e segue!

Por várias vezes, fui perseguida dentro da Igreja, fiquei uma semana fora, até que tive uma experiência com o Senhor, e Ele me ordenou que voltasse para o meu lugar de guerra, onde Ele havia me colocado. Então, voltei e repito: fique onde Deus quer que você fique! Perseguiram-me, tiraram todas as minhas funções e hoje sou uma mera visitante, assim sou vista, sento-me lá no último banco, oferto meu louvor, minha oração, faço parte do corpo no momento de adoração ao Senhor, mas não fico de conversinha além do necessário e vou embora sem praticamente ser vista. Pensa que acho isso ruim? Não mesmo, por trás das cortinas, o espetáculo é terrível; quando estive lá, pude ver do que muitos são capazes para terem funções, serem reconhecidos, inclusive bajular pastor, um homem tão sujeito ao pecado quanto qualquer outro. Idolatrar homem?

Somos esse povo que caminha, gemendo e chorando, mas com louvor e palavras de gratidão nos lábios. Que se levanta e segue, nada pode nos parar, e estaremos sempre amparando aquele irmão em momento de lutas, de provas, de vitórias, alegrar com o que se alegra e chorar com os que choram, porque isso é o Corpo de Cristo para que Seu nome seja sempre Glorificado.

Alegrai-vos Irmãos. Não vos entristeceis pelas últimas notícias. É a PALAVRA se cumprindo. Alegrai-vos porque o NOIVO vem e não tarda mais. Não saiam de suas posições. Em breve usará sua coroa. A COROA DA SALVAÇÃO!

CAPÍTULO 13
A ORGANIZAÇÃO DE UM SERVO

Gostaria de iniciar este capítulo relatando o que me levou a escrever. Confesso que não sou uma pessoa muito organizada em minha casa. Eu até admiro aquelas donas de casa que levantam muito cedo para lavar todas as vasilhas do armário, todas as cortinas nos fins de semana. Que possuem paninhos e tapetes para todos os lados da casa, e os aparelhos domésticos todos possuem vestidinhos, mas meu ponto de vista é outro. Eu sempre fui de me dedicar mais à minha profissão e aos estudos, eu sou prática. Se eu puder, vou sempre protelar os serviços domésticos (risos). Mas chega o momento que é necessário fazer.

Direi o que me levou a escrever sobre isso. Meu quarto estava bastante bagunçado por conta de umas mudanças, separando as roupas de inverno das caixas para lavar, pois logo chegaria o frio e, sem tempo, fui deixando para depois. Foi então que senti em meu quarto uma presença maligna, os cachorros ficaram agitados. Clamei pelo sangue de Jesus e cantei também louvores incessantemente. Era próximo da meia noite e eu tinha acabado de cumprir mais uma, das dezenas de obrigações de trabalho que tenho, e havia ido me deitar.

Após clamar e cantar louvores, não senti mais a presença ruim, tudo se acalmou, não havia mais perigo, ouvi a voz do Senhor, que disse assim: "O Espírito de Deus não habita no meio da bagunça, Ele não encontra paz". Em 1 Coríntios 14: 33 está escrito: "Porque Deus não é Deus de confusão, senão de paz, como em todas as igrejas dos santos".

Imediatamente, levantei-me e, mesmo cansada, comecei a organizar tudo, inclusive os outros cômodos da casa. Organizei tudo para que eu pudesse sentir paz, a Paz do senhor. "Mas faça-se tudo decentemente e com ordem" (1 Coríntios 14: 40).

Tudo isso serviu para eu observar algo que sempre nos sentimos bem quando a casa está limpa e bem organizada. Sem louças sujas na pia. Comecei a observar a Obra da Criação de Deus, os animais, a natureza, nosso corpo e nossa mente, tudo funcionando em perfeito equilíbrio e em ordem, e seu funcionamento é perfeito. Perfeita é a Obra das mãos de Deus.

Não adianta ser um bom servo, participar da rotina da Igreja, se em nossos lares e em nossos ambientes de trabalho não temos zelo e deixamos a desejar como pais, filhos, funcionários, um amigo que é fiel e cumpridor de sua palavra. Onde fica o nosso testemunho? Em 2 Timóteo 2:15, afirma-se: "Procura apresentar-te a Deus aprovado, como obreiro que não tem de que se envergonhar, que maneja bem a palavra da verdade".

Não adianta subir ao púlpito, pregar palavras bonitas, se nem mesmo você consegue viver o que prega.

Somos parte desse projeto grandioso de Deus, e o servo deve ser cuidadoso com sua moradia, com o seu corpo também, porque nele habita o Espírito do Senhor. Precisamos cuidar bem da alimentação para oferecermos uma boa moradia para Ele. Um corpo que vive doente pode ser sinal de desleixo com a saúde, e precisamos atentar a isso. Como realizar a Obra, como sair para evangelizar, se mal pudermos nos locomover? Problemas respiratórios, de articulação e gastrointestinais, e geralmente pessoas assim agem da mesma forma com a organização do lar e na criação dos filhos. Não estou generalizando, mas crianças sem rotina não rendem na escola, não possuem compromisso com os estudos, tampouco com a Obra de Deus. "Olha pelo governo de sua casa e não come o pão da preguiça" (Provérbios 31:27). Compreendo que a obesidade é uma doença e, como tal, precisa ser tratada. O que leva a comer em demasiado? É a ansiedade? Hereditariedade? Problemas hormonais? É preciso descobrir a origem, porque obesidade não origina novas doenças, ela desencadeia aquela já subsistente. Ou seja, sendo gorda ou magra, a pessoa terá pressão alta, diabetes, asma, entre outras doenças, mas a obesidade atenuará ainda mais o que é ruim. Isso serve para mim também que me encontro acima do peso, por fatores genéticos hereditários, hormonais, que, para variar, luto constantemente contra a ansiedade (aprendi a controlar bastante, descansar no Senhor) e, por fim, devido à correria do trabalho, às vezes, fico o dia inteiro sem comer, só tomando café. Tenho asma, que ficou um pouco mais séria após a Covid-19, mas faço caminhadas e consigo dormir melhor.

Eu sei que dá um pouco de trabalho, o esforço precisa ir além das forças físicas, porque, depois de uma jornada intensa de trabalho fora de casa, suportar chefes, cumprir horários e compromissos e chegar em casa, ainda correr para manter tudo limpo e organizado, atividade físicas e mais ainda, se precisamos ir ao culto porque entendemos que Deus é o nosso descanso e repousará sobre nós e encontraremos paz para o Espírito de Deus.

CAPÍTULO 14
O PODER DO PERDÃO

A todo instante, somos vítimas de injúrias por onde passamos. Somos perseguidos, caluniados e, como uma raiz de amargura, guardamos a mágoa em nossos corações. É difícil liberar o perdão a quem tanto nos fez mal. Pessoas que muitas vezes conviveram conosco e são capazes de agirem de forma tão vil, como perdoar? Como deixar de lado ou mesmo, ao lembrar, não sentir mais dor? A decepção maior sempre vem da parte de quem tanto amamos um dia, e dói ainda mais porque, como amigo, sabe nosso ponto fraco, onde somos vulneráveis e, no momento oportuno, agem de forma cruel para nos atingir, para nos destruir.

Deus é aquele que tudo vê, tudo está diante de seus olhos e acontece conforme o seu querer. Ele tem o controle do mundo em suas mãos, mas por que então permite que tais coisas nos aconteçam? Sonda e conhece nossos corações e sabe a bondade que há lá e, mesmo assim, deixa o inimigo nos ferir covardemente para doer muito, e as lágrimas possuem o gosto de sangue.

O ensinamento é preciso. "E o segundo, semelhante a este, é: Amarás o teu próximo como a ti mesmo" — está em Mateus 22:39. Como amar o próximo? E se o próximo me persegue? Como poderei sentir amor por ele? Na nossa razão, fazemos muitas perguntas, questionamos, mas a própria Palavra segue com mais ensinamentos em Mateus 5: 44, afirmando: "eu, porém, vos digo: Amai os vossos inimigos, bendizei os que vos maldizem, fazei o bem aos que vos odeiam e orai pelos que vos maltratam e vos perseguem".

A Palavra de Deus é completa, perfeita e ensina os caminhos em que o cristão deve andar. Se seguirmos seus ensinamentos, encontraremos o verdadeiro motivo para muitas de nossas lutas. Ela ensina a orar pelos nossos inimigos. Os primeiros dias de oração são terríveis, pois como pedir para Deus abençoar alguém que nos fez tanto mal e que, no fundo, queríamos mesmo era ver a pessoa sofrer, pagar pela maldade que fez? Mesmo assim, Cristo ensina a amar incondicionalmente, como Ele nos ama, e isso não é uma tarefa fácil, porém devemos continuar insistindo e orar diariamente. Quanto mais demoramos a tomar essa iniciativa, mais vamos adoecendo fisicamente e espiritualmente a ponto de só restar amargura que vai atraindo mais e mais enfermidades para o corpo e para a alma, e a vida começa a desandar em tudo. Olhando por esse prisma, compreendemos que nós é que seremos contemplados ao liberar verdadeiramente o perdão. Tiramos um peso de nossas costas e podemos respirar aliviados, porque, enquanto sofremos essas agruras, nosso peito dói, às vezes, tira nosso fôlego.

Às vezes, é tão difícil perdoar, usar a razão quando estamos tão machucados, mas precisamos entender que Deus nos olha com o mesmo olhar, para Ele somos todos filhos. Se eu fui digna do perdão do Senhor, quem sou eu para criticar e condenar o meu próximo? Não é fácil ser cristão, aceitar os inimigos, a quem um dia quis nos destruir e ter compaixão do mesmo, porém, se almejamos a eternidade, é exatamente isso que devemos fazer.

Nos primeiros dias, eu sempre digo: "Senhor, me ensine a amar esta pessoa, como tu amas, tu sabes o que há em meu coração e tenho amargura e tristeza, mas Tu bem o sabes o que é melhor para mim e para esta pessoa, ensina-me a amar". Nos primeiros dias, eu choro bastante. Com o tempo, começo a perceber que crio amor pela pessoa em questão. Então, é nesse momento que compreendo que finalmente consegui perdoar quando aprendi a amar essa pessoa, e entender que ela é também alguém que sofre e carrega consigo uma dor que só Deus a conhece. Então quem sou eu? Para reter o perdão e, ao mesmo tempo, querer ser perdoada? As minhas falhas são dignas de perdão e as do meu próximo também, mesmo que ele nunca se arrependa. Não é diretamente ao meu próximo, e, sim, minha comunhão com o Senhor e comigo mesma eu que serei liberta não o outro.

Diante de muita luta, atravessei uma época em minha vida, depois de orar e perdoar, anos depois, eu ainda perguntei ao Senhor, qual o motivo de ter passado por tudo aquilo que passei? A resposta foi a seguinte: "Todas as coisas cooperam para o bem, inclusive as coisas ruins". Foi então que eu percebi que nada foge aos cuidados de Deus, e se Ele permitiu que algo acontecesse, é porque havia um propósito para acontecer em minha vida. Entendi que se eu cheguei até aqui onde cheguei foi devido à somatória de acontecimentos péssimos. Por isso, orar e amar os nossos inimigos, de uma forma ou de outra, suas atitudes foram necessárias, pois sem elas ficaríamos inertes em nosso comodismo. São eles que nos movem, nos impulsionam. Se não fossem as fatalidades, jamais sairíamos de nossa zona de conforto. "E sabemos que todas as coisas contribuem juntamente para o bem daqueles que amam a Deus, daqueles que são chamados por seu decreto" (Romanos 8:28).

Somos servos amados, e Deus jamais permitiria que pelejássemos sem que houvesse um fundamento e jamais permitiria que tal processo acabasse com as nossas vidas. Ele sabe de nossos limites. É por isso que devemos perdoar, porque é a ação Dele, permitindo que dali tiremos aprendizados e que fiquemos fortalecidos.

O perdão é algo tão importante para a caminhada Cristã que a Bíblia segue com mais ensinamentos: "Porque, se perdoardes aos homens as suas ofensas, também vosso Pai celestial vos perdoará a vós" (Mateus 6:14).

Para o homem, é muito fácil reter o perdão ao próximo, mas, quando comete falhas, quer o perdão de Deus, sem imaginar que, para isso, é preciso estar com seu coração livre de mágoas. É simples: se não perdoar, também não terá direito de ser perdoado. E digo mais: não adianta dizer que há pecados maiores ou menores, porque Deus olha com misericórdia e enxerga todos como filhos e dignos do mesmo perdão.

"Portanto, se trouxeres a tua oferta ao altar e aí te lembrares de que teu irmão tem alguma coisa contra ti, deixa ali diante do altar a tua oferta, e vai reconciliar-te primeiro com teu irmão, e depois vem, e apresenta a tua oferta" (Mateus 5: 23-24). Conhecer essa passagem traz grande desconforto, pois compreendemos que não adianta ir aos cultos, ofertar sacrifícios de louvor, nosso clamor, nossa glorificação, intercessão, nosso dízimo, jejum, oração, madrugadas, nada que possa partir de nós em direção ao altar do Senhor terá aceitação e, muito menos, respostas em forma de bênçãos. Soou até como interesse dizer que ofertamos para termos bênçãos, mas não é bem assim porque bem sabemos que nossas ofertas chegam aos céus como aroma suave e que nosso Senhor se agrada de forma a nos abençoar e a abençoar nossos entes queridos. São respostas de orações: Uma porta de emprego aberta; a cura de uma doença; os livramentos; a proteção de nossos lares; bênçãos sem medidas, e tudo isso fica bloqueado porque somos incapazes de perdoar a quem nos feriu.

Quanto mais demoramos, mais vamos adoecendo fisicamente e espiritualmente a ponto de só restar amargura, que vai atraindo mais e mais enfermidades para o corpo e para a alma, e a vida começa a desandar em tudo. É o preço que comecemos a pagar por termos os corações endurecidos e desobedientes.

Percebemos que o perdão é um dos fatores mais importantes para a caminhada espiritual, e não há um limite para perdoarmos. Em Mateus 18:21-22, está escrito: "Então, Pedro, aproximando dele, disse: Senhor, até quantas vezes pecará meu irmão contra mim, e eu lhe perdoarei? Até sete? Jesus lhe disse: Não te digo que até sete, mas até setenta vezes sete". Sempre refleti muito acerca desse versículo: o que Jesus quis dizer com isso? Devemos perdoar 490 vezes? Logo me veio o entendimento de que esse número era referente a cada ato que merece perdão.

Analisamos a pergunta de Pedro, que foi singular "Meu irmão", ou seja, uma só pessoa, e para cada uma perdoar 70 vezes sete. Esse é um número assertivo, a cada vez que nos lembrarmos do que nos fizeram, perdoarmos várias vezes durante o dia todo e, no mesmo instante, mentalizamos: "Eu te perdoo pelo que me fez". A cada vez que fizer esse exercício, vai doer um pouco menos e, ao mesmo tempo em que dobra os joelhos e ora pelos inimigos, em poucos dias, a mágoa terá dissipado e, quando perceber, estará amando essa pessoa a ponto de se preocupar com ela e querer o melhor para sua vida. Imagine então, para cada ato, perdoe 490 vezes. Pedro foi enfático ao perguntar: "Sete vezes?" Mas por que esse número em questão? Sete é o número da perfeição, de certa forma, afirmando ali que perdoar era preciso para obter a salvação, comparando esse ato a algo perfeito e agradável a Deus.

A Palavra de Deus é viva e eficaz e está em nossas vidas como baluarte. É o nosso contentamento, nossa segurança, e temos nela todas as respostas que necessitamos para um dia podermos habitar ao lado de Jesus, que foi nosso maior exemplo de perdoador, que venceu a morte para nos perdoar de nossos pecados.

Diante de tamanha prova de amor, quem somos nós para não perdoar? Não tínhamos o direito, falhos e fracos, pecadores, mas Ele veio dando a maior prova do amor que é capaz de ser gerado por meio do perdão. Se Ele é perdoador, quem somos nós? Quem somos nós para não perdoar?

CAPÍTULO 15
BÍBLIA, O TESOURO DESCOBERTO

A Bíblia é o livro mais produzido no mundo, traduzido para mais de duas mil línguas desde a sua descoberta. Temos no mundo cerca de 7 mil idiomas. Por muito tempo, a Bíblia ficou escondida por oportunistas até ser descoberta, período da história conhecido como a Reforma Protestante, no qual Lutero descobriu o Tesouro, o traduziu e o tornou público para que todos tivessem acesso.

No decorrer dos séculos, a Bíblia passou por muitas traduções e aperfeiçoamentos; para cada idioma surgiam mais e mais traduções e interpretações. Ora, a Língua é rica em suas variações e seus significados. Deixando mais claro, uma palavra pode conter diversos significados nos mais variados idiomas, e, às vezes, homens fazendo uso de interesses próprios, adequando-a conforme a sua vontade. Apesar das diversas investidas de deturpar a Palavra de Deus, ela tem subsistido ao longo dos anos.

Há um povo que decifrou seus mistérios, o segredo revelado pelo Espírito Santo, e há um versículo que faz referência de que devemos buscar a Bíblia em Espírito: "o qual nos fez também capazes de ser ministros dum Novo Testamento, não da letra, mas do Espírito; porque a letra mata, e o Espírito vivifica" (2 Coríntios 3:6). Somente em comunhão seremos capazes de alcançarmos a revelação, a profecia, a direção certa, a orientação.

Muitas são as falácias de pessoas que não acreditam na Bíblia porque ela foi escrita por homens. Realmente ela foi escrita por homens, porém inspirados por Deus, recebendo as revelações proféticas. Homens que buscavam insistentemente a face do Senhor, e, por mais que a Bíblia tenha passado por várias interpretações, o Espírito ainda está a operar. E da mesma forma que os profetas o recebiam e tinham o entendimento, nós também o recebemos, sentimos falar conosco no momento da leitura. Ele ainda está presente para nos contemplar e, muitas vezes, trazer alívio para nossas dores por meio da Palavra. A Palavra de Deus não é um livro comum, não podemos tomar posse e achar que se trata de um simples livro. É preciso que haja comunhão, reverência para o Espírito nos trazer o entendimento daquilo que está escrito, que, apesar da tentativa em confundir o leitor, por parte dos homens, o Espírito vem para vivificar. O Senhor também fala nela em profecias para que somente os escolhidos entendam e recebam a revelação.

> E que, desde a tua meninice, sabes as sagradas letras, que podem fazer-te sábio para a salvação, pela fé que há em Cristo Jesus. Toda escritura ***divinamente inspirada*** é proveitosa para

> ensinar, para redarguir, para corrigir, para instruir em justiça, para que o homem de Deus seja perfeito e perfeitamente instruído para toda boa Obra" (2 Timóteo 3: 15-17).

Também fazemos uso da Bíblia para a consulta ao Senhor, e é uma das maneiras pelas quais o homem busca orientação, uma prática milenar por parte dos profetas, e diversas eram as formas de buscas ao longo dos tempos. O uso do Urim e Tumim para saber a vontade de Deus, descrito no livro de Números 27:21: "E se porá perante Eleazar, o sacerdote, o qual por ele consultará, segundo o juízo de Urim, perante o SENHOR; conforme o seu dito, sairão; e, conforme o seu dito entrarão, ele, e todos os filhos de Israel com ele, e toda a congregação".

Deus é o mesmo e fala ainda aos seus de forma particular. É desejo Dele nos encaminhar em direção ao projeto que tem para a vida de cada um. Não importa a pergunta, Ele responderá com a sua Palavra. Para mim, a consulta à Palavra é uma forma maravilhosa de pedir direção. Resposta imediata e precisa com um texto, um versículo escrito há milhares de anos, que, ao ser consultado, vem de forma exata e atual, tirando uma angústia e dúvidas que pairam em nosso coração, pois, quando fazemos uso da consulta, descansamos por saber que há uma direção certa e fazer tudo conforme o querer Dele; então, obedecemos e descansamos.

Devemos, antes de tudo, ter comunhão, fazer um clamor antes da consulta e, principalmente, deixar o coração longe de nossos desejos pessoais para que a vontade de Deus prevaleça. Precisamos ter a obediência para acatar o querer Dele e, essencialmente, precisamos crer no poder da revelação da Palavra. O Senhor sonda e conhece os corações e conhece aqueles que são incrédulos. Sem Fé, é impossível a operação do Espírito Santo. Sem o devido respeito em acreditar que está tocando em um livro sagrado, um livro revelado em que há os mais belos testemunhos dos profetas e toda a passagem de Jesus Cristo aqui na Terra. Um Livro que conta todo o passado e, ao mesmo tempo, relata tudo o que há de vir e o que está acontecendo no mundo atualmente, como sinais e profecias já descritas há milênios. Como duvidar de um livro que, apesar de escrito há tanto tempo, ainda é atual e relata o futuro?

Antes de consultar, é preciso também ter clareza e objetividade, um assunto por vez para que não haja confusão no momento do entendimento, que, ao invés de trazer respostas e alento, trará confusão, tristeza e, o pior, a possibilidade de tomar decisões equivocadas acerca daquilo que não entendeu. Se não tiver segurança em fazer uma consulta sozinho, busque a Igreja; no corpo, é melhor ainda a revelação do Senhor, porque, onde houver dois ou mais, ali estará presente o Senhor.

É o livro mais atual de todos os tempos. Devemos, pelo menos, respeito e reverência por esse tesouro deixado por Deus, para que a humanidade possa guiar-se e atravessar seus dias aqui na Terra. É impressionante como muitos a desconhecem, que a abrem apenas quando vão aos cultos ou, pior, nem levam mais para a Igreja porque é projetada na parede por meio de instrumentos tecnológicos. Em casa, fica jogada em cima de um móvel e dificilmente é aberta. É preciso reverência, não tê-la como um amuleto para não materializar a fé, mas, no mínimo, respeito por esse tesouro que hoje podemos ter acesso, lembrando que, em muitos países, é proibida a sua comercialização. É importante conhecer a verdade para não ser enganado por esses falsos profetas que enganam e muitos pecam acreditando

O Senhor continua revelando-se aos seus por meio de sonhos, de dons espirituais, de seus anjos anunciando, de sinais proféticos e da consulta à Palavra, que para mim é a resposta urgente de que precisamos. É um dos meios de Graça descritos na própria Bíblia, porém muitas religiões não fazem uso desse recurso tão precioso, de falar diretamente com Deus, por meio das escrituras. Pecamos por não conhecermos a Palavra de Deus. Pecamos por não sabermos fazer uso desse tesouro maravilhoso que ele é e, por não consultar, muitas vezes, perdemos as bênçãos e a direção que Ele dá para nossas vidas.

CAPÍTULO 16
OS PLANOS DE DEUS

Desde o nascimento, somos orientados por nossos genitores a buscarmos e seguirmos um objetivo na vida. Afinal, essa é uma das funções deles, a de nos encaminhar. Então, construímos nossas vidas, corremos de um lado para o outro e, como numa grande construção, vamos preparando todos os alicerces que aos nossos olhos são bons e resistentes, família, estudos, profissão, religião... Levantamos as paredes e não paramos de lutar para o bem-estar de todos os envolvidos, mas, aos poucos, nos distanciamos de Deus, nos esquecemos do principal, por desobediência ou por falta de conhecimento, fazemos longe da orientação e do querer Dele. Criamos nossos planos humanos embargados de razão própria do homem. Mas onde fica Deus em tudo isso? Se Ele deve ser o princípio e o fim de todas as coisas, por que só lembramos quando tudo dá errado?

Esquecemos do principal detalhe que é colocar o Senhor à frente de todas as coisas. Achamos que, por nossas próprias forças, poderemos ser felizes e que tudo sempre vai se encaixar e, mesmo que surja a luta, conseguiremos vencer, quando, na verdade, só adiamos o inevitável, quando tudo desmorona bem debaixo de nossos olhos e, não importa o quanto tentemos correr para consertar, não adianta...

Chega o momento que, quanto mais lutamos, sem Deus, mais cansamos. Nos entristecemos. Acabam-se as forças. É nesse momento que lembramos do seu imenso amor. Que Ele tudo pode fazer e resolver conforme o querer Dele. É nesse momento que Ele entra em nossas vidas, e nada pode parar o seu projeto que Ele definiu para a vida de cada um, desde a eternidade. Desde antes de nascermos.

Tudo será removido e movido de lugar, cada detalhe será devidamente cuidado, e não ficará nada fora de lugar e sem a Sua devida atenção Divina. O casamento que não dura, não é abençoado, portas de emprego que se fecham e sem perspectiva de futuro, desacertos e o tempo todo prejuízos. Se abre um empreendimento e novamente sem a consulta e direção de Deus, é ilusório, se Ele não estiver nos teus planos dirigindo e orientando, de nada adiantará porque vai ruir, e o fim pode ser desastroso. Nada pode mudar nem frear os Planos que Deus definiu para as nossas vidas.

Enquanto não nos rendemos e não nos humilharmos diante de Sua grandeza, reconhecermos que somos pequenos e falhos demais para que tenhamos a direção certa para nossas vidas, continuaremos no sofrimento, e nada poderá ir para frente.

Eu perdi tudo. Tudo se acabou porque preparei um sonho que não era o de Deus. Perdi meu casamento de 16 anos, perdi minha casa, perdi meu carro e meus móveis, meu cachorro, minhas funções na Igreja, precisei viajar sem minhas filhas, perdi meu celular e, antes de viajar, passei meses doente, que cheguei quase morta na UPA (Unidade de Pronto Atendimento), sem conseguir respirar, uma tosse que durou dois meses e me sufocava; até hoje não descobri o que foi aquilo que não havia remédio que curasse, apenas amenizava. Nada disso que construí foi colocado diante de Deus para saber se era de Seu querer, se era o que havia separado e preparado para mim. Em Romanos 8: 28, a Palavra nos diz: "E sabemos que todas as coisas contribuem juntamente para o bem daqueles que amam a Deus, daqueles que são chamados por seu decreto". Então compreendi que até mesmo as coisas ruins contribuíram para o meu bem, para que eu pudesse cumprir o meu chamado.

Quando comecei a perder tudo, tinha momentos em que eu me imaginava em meio às águas dos oceanos sem proteção nenhuma e, vez ou outra, surgia uma boia que me mantinha viva por tempo determinado, e logo era preciso soltar a boia e voltava a me afogar de novo e cansar até as forças se esvaírem; e Deus enviava outra boia. Eu imagino essas boias como providência do Senhor para não me deixar desistir. Ele sempre nos amparará, mesmo que o filho esteja na desobediência e resistindo à rendição.

Hoje vejo que tudo isso aconteceu para que eu pudesse acertar meus passos. Vir finalmente realizar aquilo que Deus realmente me reservou, o projeto de minha vida, e sei que, depois de todo esse processo, eu serei honrada. Ele determinou nossos dias desde que fomos separados na eternidade e colocados no ventre de nossas mães. Em Salmos 139: 13-16:

> Pois possuíste o meu interior; entreteceste-me no ventre de minha mãe.
>
> Eu te louvarei, porque de um modo terrível e tão maravilhoso fui formado; maravilhosas são as tuas obras, e a alma o sabe muito bem.
>
> Os meus ossos não te foram encobertos, quando no oculto fui formado e entretecido como nas profundezas da Terra.
>
> Os teus olhos viram o meu corpo ainda informe, e no teu livro todas estas coisas foram escritas, as quais iam sendo dia a dia formadas, quando nem uma delas havia.

Mesmo nossos corpos sem forma nenhuma Ele já nos conhecia, sabia nossos nomes, nos chamava de filho desde aquele momento. E tem mais: se nossos dias já haviam sido escritos, então os passos errados também já eram previstos e em tudo ali havia um propósito, em tudo há um propósito, não existe acasos no projeto de Deus. Até uma folha de uma árvore só cai com sua permissão, e, por um motivo que até depois de se decompor, existe uma finalidade, quanto mais por nossas vidas. Como não amar esse Deus? Amou-me antes que eu tivesse forma de gente! Contou nossos dias, preparou o projeto que a cada um é dado para realizar aqui na Terra e, ao cumprir, retornamos para casa, que é a eternidade.

Precisamos aprender a confiar na mudança, no processo da mudança. Ele pode te tirar de sua posição que até então é estática e confortável e te lançar a quilômetros de distância, te afastar de tua parentela, para realizar uma grande Obra. Você não precisa entender, exigir respostas, apenas confiar.

Eu chorei quando quase passei fome, quase, porque Ele jamais permitirá um justo a mendigar o pão. Aqueles que nEle confiam sempre terão suas necessidades supridas. Salmos 37: 25: "Já fui moço e agora sou velho; mas nunca vi desamparado o justo, nem a sua descendência a mendigar o pão". Ele moverá, tocará corações que você jamais imaginou. e virá dali um socorro. Confie, sempre vem.

Seja obediente! Busque a todo instante a orientação e direção Dele e entregue-se sem medo e sem reservas, porque foi assim comigo. Quando parti sozinha de minha cidade, e todos não entendiam o que eu estava fazendo, abandonando meu maior tesouro, minhas filhas, minha família, meus amigos, e parti olhando sempre para o alvo e prossegui. Na primeira noite de viagem, eu chorei o tempo todo, meu vizinho de poltrona não conseguiu dormir por minha causa. Mesmo na dor, eu sabia que era o certo e ouvia a voz do consolador, do Espírito Santo falando o tempo todo trazendo alento. Quantas vezes chorei até sufocar, sentindo falta das minhas filhas, mas uma força superior me consumia e me fortalecia, não me deixava desistir. Oh, Senhor, ainda choro ao lembrar porque não conseguiria se dependesse de minhas próprias forças.

Eu orei muito pelas pessoas que foram perversas comigo, que me humilharam, apontaram o dedo em todos os departamentos de minha vida, e o lugar que mais doeu foi dentro da Igreja, onde esperamos receber conforto, consolo, refúgio das guerras do mundo lá fora, quando percebi dor e perseguição do mesmo jeito. Eu não carrego mais dor em meu peito nem mágoa de nenhuma dessas pessoas. Depois de tanto orar, Deus me revelou que, quando Ele quer agir em nossas vidas, Ele usa até quem não é Dele para que a gente se mova. Esse é o segredo de orar e amar os inimigos, em tudo há um desígnio, e Deus tem planos para nossas vidas, porque nada é em vão. Por isso, orar pelos inimigos que, mesmo não sendo escolhidos de Deus, são usados em nosso benefício e aproveitamento maiores. Se não fossem os inimigos com as perseguições, eu não teria mudado de cidade. Então, se alguém o persegue, ore por essa vida, saiba que ele precisa de nossas orações e de nosso perdão.

Quem sabe, se eu não tivesse passado por tudo isso, toda essa rejeição, eu não teria tido coragem suficiente para partir apenas com uma mala de roupas. Para recomeçar minha vida e, dessa vez, na direção em que Ele, o Senhor, mostrasse. Nada mais construo sem que tenha a devida direção porque é como construir castelo na areia. Não quero mais ver a cena de tudo desmoronar, porque é assim que acontece se não for do querer Dele e dentro de seu projeto.

Creia, Cristo é a rocha segura e, por mais que venha a tempestade sobre sua morada, seu coração permanecerá inabalável. Aprenda, irmão, a consultar ao Senhor, aprenda a sentir a presença Dele em cada decisão e obedeça para evitar sofrimento.

Se persistir a dúvida, ore ao Senhor, use os meios de Graça, faça um propósito, consulte na Palavra ou, se não for algo muito íntimo, leve à sua Igreja e peça aos irmãos que orem. Não precisa levar tudo, mas aquilo que julgar necessário, leve!

É bem melhor reconhecer que somos pequenos e necessitados e buscar esses recursos da parte do Senhor, do que se julgar autossuficientes e ver ruir todas as estruturas do seu castelo até chegar ao pó.

Tenho plena convicção de que tudo que Deus prepara para nossas vidas é bom, perfeito, agradável e trará paz e conforto aos corações. Você sentirá que está no caminho. No começo da reforma, haverá muitas lutas, e você se depara com tudo se acabando, sonhos se desmanchando, filhos e pessoas que ama indo embora, porta de empregos se fechando, lutas e mais lutas, que temos vontade de gritar de desespero e só imaginamos estar no olho de um furacão. Mal resolvemos um problema e surgem outros, vários de uma vez. Sabe o que você faz? Senta-se e chora? Talvez, mas depois se levanta e enfrenta e glorifica, porque Deus só leva para o deserto quem é Dele e que deseja tratar. Toda reforma faz uma bagunça mesmo. Imagine uma casa sendo construída e passando por reparos; faz bastante sujeira, mas depois de concluída, fica tudo lindo e perfeito. Toda essa reforma é para, enfim, iniciarmos os sonhos que Deus sonhou para as nossas vidas.

Os sonhos que Deus sonhou são extraordinariamente maiores do que aquilo que sonhamos um dia. E são perfeitos como toda a obra de Suas mãos porque tudo concorre para proveito do Evangelho eterno, inclusive nossas vidas. O Senhor está a olhar para a sua vida, e nada passa despercebido, por mais que achemos que não. Muitas vezes, Ele vai permitir que seu vaso seja levado à fornalha para que saia de lá aperfeiçoado, mais forte e mais resistente. Mas creia, existe um propósito.

CAPÍTULO 17
FILHOS: HERANÇA DE DEUS

Tornar-nos pais é algo maravilhoso que pode acontecer em nossas vidas. Poder gerar outro ser, criar desde os primeiros dias de vida e transferir ali todo nosso amor para um ser tão minúsculo. Chegam sem pedir licença e tomam conta de todas as nossas noites em claro, e toda a nossa vida a partir de então se voltará, única e exclusivamente, para os filhos. Tudo que esperamos é manter ali um laço que jamais poderá ser quebrado. Nem a morte poderá pôr fim a um elo desses. Pelo menos, é isso que esperamos como pais, mas, às vezes, a ingratidão de um filho dói no âmago de nossa alma. Talvez a dor maior seja porque, como pais, nos doamos tanto. Quantas vezes deixamos de comer algo para deixar para os filhos? Quantas vezes saímos de casa para comprar algo para nós e, quando nos atentamos, só compramos coisas para eles?

O choro de um filho dói em nossa alma, queríamos mil vezes sofrer tudo no lugar deles, só para vê-los felizes. No mínimo, o que se espera como pais é que, em nossa velhice, os filhos tenham alguma compaixão, alguma gratidão, algum reconhecimento por todo sacrifício que fazemos para poder criá-los, e voltem seus cuidados para nós quando mais precisamos. Quando nossas forças e mentalidade já não são mais as mesmas e nos tornamos crianças outra vez em corpos de pessoas idosas.

Há ainda filhos que, como forma de resposta, com ignorância, dizem que não pediram para nascer, então nos culpam até por terem nascido. Acabou o amor, não existe mais isso, não se pode mais colocar para ajudar nos afazeres domésticos, nem brigar para que estudem, porque é motivo para traumas e transtornos mentais. Sinto pisar em ovos toda vez que necessito chamar a atenção para algo errado por receio de magoar, e lá se vai mais um quadro de depressão.

Falhamos como pais? Por tentar dar o nosso melhor para vê-los felizes? A verdade é que fazemos o nosso melhor com o presente que Deus nos deu. Não vamos desistir, mesmo diante de inúmeros motivos para abrir mão. Ensinaremos o caminho da Igreja, ensinaremos a amarem e respeitarem o próximo, os animais, a natureza, a serem responsáveis com a escola e em casa contribuindo nos serviços domésticos, assim como ensina a Palavra de Deus, mesmo lutando contra o mundo que tenta a todo custo desmoralizar a base educacional de nossos filhos.

Faremos tudo que for possível para que não se perca a semente. E caso se perca, naquela fase terrível que é a adolescência, que por si só, já é uma fase complexa do desenvolvimento humano, agora que se tornou algo tenebroso mesmo, porque tudo é normal na mentalidade imatura deles, e se tentamos evitar, somos autoritários e levantam bandeiras contra nossas vidas, porque tentamos corrigir os erros.

Nos julgam ditadores, e tudo só fica pior a cada vez mais. Parece que quando somos contra, aí que fazem mesmo, só para causar a discórdia na convivência familiar. Mas é preciso ensinar mesmo assim o caminho da verdade. "Instrui o menino no caminho em que deve andar, e, até quando envelhecer, não se desviará dele" (Provérbios 22:6).

Tenho duas adolescentes dentro de casa. Eu mostrei o caminho. Eu ensinei ler a Bíblia, ensinei tudo e mais além que eu julguei ser proveitoso nas suas caminhadas. Com muito amor e zelo, sempre tentei ter uma conversa aberta com cada uma. Sempre analisando os prós e os contras de cada situação. E que saibam diferenciar o divisor de águas, porque, por mais difícil que seja uma situação, sempre haverá dois lados. Elas sabem que podem contar comigo, que não as julgarei. É difícil ver quem se você ama indo por caminhos que você sabe que não darão certo, mas é preciso deixar. Que sigam seus próprios caminhos, tomem suas decisões. E daí, se não for a direção certa? Aprenderão com os próprios tropeços.

Como pais, faremos o melhor que pudermos com a herança que Deus nos deu, sempre. Elas têm a nítida certeza de que, se um dia, se preciso for, eu dou o meu coração, caso o delas um dia precise parar de bater. Dou todos os meus órgãos, se preciso for, para vê-las vivas, que sou capaz de buscar a Lua, de brigar seja lá com quem for, se estiverem as maltratando.

Mas não posso obrigá-las a me amarem na mesma intensidade, que possuam o mesmo cuidado e zelo, nossos filhos não são nossos. É irônico, mas é a verdade. Não podemos depositar neles os sonhos que um dia tivemos e que não realizamos. Talvez estejamos depositando compromissos demais em pessoas inacabadas e que mal administram seus sentimentos. Não podemos depositar neles a culpa de nossas frustações. Não podemos depositar neles a única esperança para sermos felizes, nosso único motivo de alegria. Seria uma tragédia para ambos os lados.

Não são propriedades, não são subterfúgios para termos forças de encarar a realidade. São pessoas, seres pensantes, saco de emoções, às vezes, exacerbadas ao extremo. E o pior é não saberem controlar tais emoções e trilharem destinos tortuosos, nos quais receberão apenas dor e desprezo, mas, assim como nós, precisarão experimentar seus limites e, com os erros, formarem seu caráter, como pessoas.

Deixe que sigam seus caminhos! Deixe que morem sozinhos após os 18 anos, mesmo existindo dentro de nossos corações, como pais, uma dor insuportável que choramos inconsoláveis, sentindo falta do abraço, do cheiro, das birras, da preguiça – até disso sentimos falta. Sabemos que ficarão bem, porque sabemos a criação que lhes demos, que serão e estão felizes. Sabemos que sensação eles estão sentindo, porque um dia fomos nós, lembra? Eles precisam partir, sair do ninho faz parte de uma nova etapa de suas vidas, porque adquirirão autonomia, capacidade de responsabilidade.

Deixe, simplesmente, deixe que sigam suas vidas, deixe que escolham por sua própria conta seus futuros parceiros, deixe que decidam se querem ou não ter filhos. Que bobagem! Pais que exigem netos e, quando esses filhos arrumam alguma gravidez, o mundo vem abaixo. Mas o que é isso mesmo?

Depois que os filhos crescerem, viva sua vida! Corte o cordão umbilical, finalmente! Tenha uma noite de sono completa, faça aquela viagem! Guarde dinheiro para sua velhice, não espere ajuda deles, pois essa ajuda financeira pode não vir! Eles não são obrigados a nos sustentar, e esperar por compaixão de alguns é decepcionante, às vezes. Tenha certeza de que, se eles precisarem, recorrerão a você atrás de um conselho. Porque nosso colo sempre será um lugar seguro para eles quando o mundo estiver desabando, e, quando esse demorarem a vir, confie! Eles estão indo bem, estão sabendo lidar com as intempéries da vida. E mesmo que acabe seus dias sozinho num asilo, sem um abraço de um filho, tenha a certeza de que fez o seu melhor com a herança que Deus te deu e possa, enfim, descansar em paz quando seus olhos se fecharem para sempre!

CAPÍTULO 18
OS DONS ESPIRITUAIS

Os Dons espirituais são manifestações do Espírito Santo no meio da Igreja fiel. O Senhor se revela e direciona a nossa caminhada para que nenhum se perca pelo caminho. Relatarei o momento em que nosso Senhor Jesus faz menção do Espírito e, daí em diante, a sua importância na vida dos servos na atribuição dos dons. Após a ressurreição, Jesus ainda ficou um período de 40 dias ao lado de seus discípulos e avisou sobre a chegada do Espírito. Em Atos 1:5, diz: "Porque, na verdade, João batizou com água, mas vós sereis batizados com o Espírito Santo, não muito depois destes dias". E foi por meio da descida do Espírito que ocorreram de forma maravilhosa, no meio dos apóstolos de Cristo, os dons espirituais. Em Atos 2:1-4, este momento é relatado:

> Cumprindo-se o dia de Pentecostes, estavam todos reunidos no mesmo lugar,
>
> e, de repente, veio do céu um som, como de um vento veemente e impetuoso, e encheu toda a casa em que estavam assentados.
>
> E foram vistas por eles em línguas repartidas, como que de fogo, as quais pousaram sobre cada um deles.
>
> E todos foram cheios do Espírito Santo e começaram a falar em outras línguas, conforme o Espírito Santo lhes concedia que falassem.

Falar sobre os Dons Espirituais é reconhecer que existe a operação do Espírito Santo e que Ele tem falado às Igrejas e operado em nosso meio continuamente. Ninguém pode dizer que Jesus é o Senhor se não for por intermédio do Espírito Santo. Em 1 Coríntios 12:5-11, mostra-nos que há diversidades de Dons, mas o Espírito é o mesmo:

> E há diversidade de ministérios, mas o Senhor é o mesmo.
>
> E há diversidade de operações, mas é o mesmo Deus que opera tudo em todos.
>
> Mas a manifestação do Espírito é dada a cada um para o que for útil.
>
> Porque a um, pelo Espírito, é dada a palavra de sabedoria; e a outro, pelo mesmo Espírito, a palavra de ciência.

> e a outro, pelo mesmo Espírito, a fé; e a outro, pelo mesmo Espírito, os dons de curar;
>
> e a outro, a operação de maravilhas; e a outro, a profecia; e a outro, o dom de discernir os espíritos; e a outro, a variedade de línguas; e a outro, a interpretação de línguas.
>
> Mas um só e o mesmo Espírito opera todas essas coisas, repartindo particularmente a cada um como quer.

Muitas Igrejas fazem uso dos dons para manter viva a chama do Senhor, aquecendo as almas, norteando os passos de cada servo e mostrando intimamente a necessidade de cada um em particular, ou mesmo no corpo que é a Igreja, para que todos entrem no clamor e em oração por aquela vida. Por outro lado, há lugares onde se desconhecem os Dons.

Uma Igreja sem os Dons é uma Igreja morta e sem direção, porque, se não está sendo feita a vontade do Senhor por intermédio do Espírito, é uma denominação dirigida por homens, imbuídos de suas razões, e onde há a razão, o Espírito se cala, e a própria Palavra relata que todos somos pecadores.

Vejo denominações que conhecem muito a Letra da Palavra de Deus, em seu sentido literal, jejuam, oram, mas desconhecem o lado profético que é quando opera o Espírito revelando o seu querer por meio dos Dons. Evangélicos da letra e a própria Palavra relatam em 2 Coríntios 2:6: "o qual nos fez também capazes de ser ministros dum Novo Testamento, não da letra, mas do Espírito; porque a letra mata, e o Espírito vivifica". Está claramente descrito que ter conhecimento somente da letra não é o suficiente se não reconhecermos que há um Espírito vivo e atuante dentro dos templos.

Enquanto muitos desconhecem os Dons, outros já fazem uso deles de forma a enganar e manipular os fiéis. Nesse caso, não provém do Senhor, vem de qualquer outro lugar, menos da parte do Senhor. Por isso, é muito importante que cada um conheça e tenha sua própria comunhão e intimidade com Deus, para que, ao ser mostrado algo na Igreja, seja apenas a confirmação, a resposta de algo que já buscava em secreto na particularidade de seu quarto.

Muitas vezes, buscamos da parte de Deus algo que almejamos, uma direção, uma resposta, aliviar o coração por algo que nos aflige e pedimos insistentemente, até que o Senhor ouve o nosso clamor, responde por meio de um dom. Quando conseguimos entender, ou seja, discernir, então encontramos a paz; mas quando não alcançamos o entendimento, é importante que seja levado até o pastor, que, por sua vez, se reunirá com outros irmãos que pagarão um preço em busca da explicação desse dom.

Os dons não devem existir para envergonhar os irmãos. Muitas Igrejas possuem os servos da revelação que sobem no altar e passam, às vezes, o culto inteiro apontando o dedo e declarando os dons íntimos de outros servos na frente de toda congregação. Por mais que haja um dom mostrando algo grave, é preciso ter *SABEDORIA*, que é o primeiro dos Dons, pois, sem ela, ao invés de vir para edificar, virá para destruir a caminhada espiritual de muitos. Com a direção certa, vem para a edificação da Igreja, como um corpo, para orar, ou mesmo apresentar o dom para o irmão em particular, como forma de alertar ou orientar. O Evangelho deve confrontar o pecador, porém, ao mesmo tempo, consolar, envergonhar jamais, isso não vem da parte do Senhor, jamais.

É muito importante mantermos sigilo sobre nossa vida particular. Vejo muitos servos que, a tudo que lhes acontece, correm para o pastor ou para outros irmãos, o tempo todo falando de sua vida e de seus problemas. Não está errado, mas também é preciso sabedoria. Nem tudo é para ser levado para o corpo que é a Igreja. Às vezes, Deus quer dar uma experiência individual. Observe que, muitas vezes, quando sabem de nossos problemas, de repente, começam a surgir dons. Cuidado! É tão maravilhoso quando, no culto, sem ninguém saber, o Senhor responde algo que buscávamos em secreto, é a confirmação e a resposta de nossas orações.

O importante é ter comunhão, porque, mesmo que não esteja esperando, ao vir o dom, a gente sinta a confirmação do Espírito em nosso coração. Separarmos o que é Santo e o que é profano. Quando vem mesmo da parte do Senhor, é inconfundível, traz paz, refrigério para a alma. Porque, mesmo visitando uma Igreja que ninguém te conheça, e vem aquela revelação, possa saber que veio do Senhor. Precisamos sempre ter o cuidado para não ficarmos falando em voz alta nossos problemas, nossos anseios, nossos projetos futuros, porque o inimigo está à espreita ouvindo, rugindo como um leão, ele não penetra os pensamentos, mas ele ouve e pode muito bem usar aquele irmãozinho sem comunhão, e acha que àquilo que está recebendo vem do Senhor e repassa para o servo também sem comunhão. E será prejuízo, trazendo angústia e sofrimento.

Por ser uma pessoa muito observadora e por constatar algo que me desagradava, anos atrás, na Igreja que frequentava, assisti a tudo de fora e simplesmente busquei ao Senhor em secreto. Passei anos jejuando para que pudesse alcançar a graça para discernir tudo que me era revelado. Deus é tão maravilhoso por atender ao meu clamor. Em outras ocasiões que os irmãos oraram, já em outras Igrejas, que, ao dar um dom, eu já recebia do Senhor o entendimento.

Recebi um dom lindo na Igreja. Havia uma chave grande em minhas mãos, dourada e que tinha um formato diferente de todas as outras chaves, com as quais eu já havia tentado abrir várias portas, mas nunca dava certo, e eu começava a ficar intrigada e queria jogar a chave fora. Eis que chegava um anjo e dizia para guardar a chave, que, na hora certa, a porta seria colocada diante de mim e que, ainda naquela semana, a porta seria apresentada. O irmão que teve o dom perguntou se eu sabia do que se tratava e eu, com lágrimas nos olhos, respondi que sim. Era esse livro, eu buscava uma resposta porque já havia sido revelado para mim. Naquela mesma semana, no meu trabalho, o Senhor colocou um homem diante de mim e disse: "Eis a porta, coloco-a diante de ti". Era um escritor que me ajudou muito explicando os caminhos que eu deveria percorrer até a publicação deste livro.

Para recebermos os dons, essa bênção do Senhor, é necessário muita oração, jejum, orar na madrugada, buscar por meio dos meios de Graça descritos na Palavra. Quanto mais se busca, mais o Senhor se agrada e mais nos abençoa, revelando sua vontade e seu querer.

CAPÍTULO 19
QUAIS SÃO OS MEIOS DA GRAÇA DE DEUS?

Para começar, precisamos, primeiro, saber o que é Graça de Deus. A Graça é um favor imerecido de Deus por nossas vidas. E quais os meios que devemos percorrer, como servos, para que possamos então adquiri-la? A vida espiritual de um cristão é pautada em oração, jejum, orações na madrugada, leitura e consulta na Palavra de Deus, o clamor e o louvor. A Bíblia está repleta de bons exemplos, recursos que os discípulos do Senhor nosso Deus se utilizavam e obtinham grandes respostas.

"Mas tu, quando orares, entra no teu aposento e, fechando a tua porta, ora a teu Pai, que vê o que está oculto; e teu Pai, que vê o que está oculto, te recompensará" (Mateus 6:6). A Oração é um momento de intimidade com Deus, uma conversa em que precisamos retirar todas as amarras, todo sentimento que escondemos das demais pessoas e podemos colocar diante do Senhor, porque não adianta esconder dEle, que sonda e conhece nossos corações. Não adianta apropriar-se de textos prontos e repeti-los todas as noites, porque a Bíblia também adverte sobre isso: "E, orando, não useis de vãs repetições, como os gentios, que pensam que, por muito falarem, serão ouvidos" (Mateus 6:7). O ajoelhar é um sinal de reverência, demonstrando nossa posição de pequenos, fracos, indefesos, e de que necessitamos receber forças para prosseguir. Reconhecer nossa pequenez e humildade agrada a Deus e que Ele engrandeça em nosso ser. Quanto mais nos humilhamos, mais somos honrados na presença de nossos inimigos.

Muitos irmãos me procuram pedindo oração, e já ouvi diversas vezes dizerem que não têm suas orações respondidas. Como assim? Amados, é desejo do Senhor te ouvir falar, relatar suas aflições, porque é tudo que Ele quer, ter intimidade conosco, quanto mais buscamos, mais o encontramos. No livro de Jeremias 29:11-13, descreve bem como devemos orar ao nosso Senhor:

> Porque eu bem sei os pensamentos que penso de vós, diz o SENHOR; pensamentos de paz e não de mal, para vos dar o fim que esperais.
>
> Então, me invocareis, e ireis, e orareis a mim, e eu vos ouvirei.
>
> E buscar-me-eis e me achareis quando me buscardes de todo o vosso coração.

Sobre as orações que não são respondidas, é importante falar que não adianta buscar ao Senhor com o coração amargurado, preso sem liberar o perdão ao próximo; "deixa ali diante do altar a tua oferta, e vai reconciliar-te primeiro com o teu irmão, e depois vem, e apresenta a tua oferta" (Mateus 5:24). Irmãos, toda forma de busca ao Senhor é uma oferta que fazemos ao nosso Deus, mas de nada adianta se o coração estiver contrito. Muitos me perguntam por que Deus não responde suas orações, e eu respondo que depende do que é pedido. Para orar pela vida e mudança na vida de alguém, esse alguém precisa querer, aceitar a oração. Não esqueça que essa pessoa possui o livre arbítrio, e Jesus jamais forçará a entrada em seu coração. Ele pede licença para entrar. "Eis que estou à porta e bato; se alguém ouvir a minha voz e abrir a porta, entrarei em sua casa e com ele cearei, e ele comigo" (Apocalipse 3:20). Outra razão pela qual a resposta da oração pode não vir é termos ciência se aquilo que pedimos é o que Deus quer para nós. Entenda, somos humanos e falhos, nossa visão é limitada; às vezes, queremos tanto algo e não enxergamos que, a longo prazo, trará prejuízos. Deus tem tudo preparado e sabe o que é melhor e não permitirá termos nenhum tipo de dano, por isso, Jesus deixou o ensinamento de como devemos orar "Senhor, se for da tua vontade". Assim entendemos que, se não der certo como esperamos, é porque traria transtornos, e esperamos pelo Senhor porque seus planos são perfeitos e agradáveis para nós.

Também é importante alertar para que faça a sua oração em silêncio apenas nos pensamentos para que o inimigo que está ao derredor não venha a investir contra. Esse conselho também serve para os seus planos futuros; guarde em secreto apenas mentalizando ao conversar com o nosso Senhor. "Sede sóbrios, vigiai, porque o diabo, vosso adversário, anda em derredor, bramando como leão, buscando a quem possa tragar" (1Pedro 5:8). Como um leão, mas ele não é o leão, o Leão da tribo de Judá é Jesus. Por estar derredor, escuta o que falamos em voz alta.

O inimigo que está derredor e sabe que você é um escolhido, que você tem uma aliança em seu dedo, que foi colocada por Deus. Você é Discípulo do Senhor, e o maligno, sabendo disso, vai lutar e investir para te ver desistir, cair e não sair de sua posição. Ele põe armadilhas, e é inevitável não cair. Satanás conhece nossas fraquezas, nossos medos, nossas incapacidades, e traz à tona nossos maiores temores, por ficar ao nosso redor. Por isso, vigiai sem cessar! Orai e vigiai!

Sobre o jejum, há diversas passagens bíblicas que relatam sobre os profetas que ofereciam jejum ao nosso Deus quando necessitavam alcançar alguma graça. Veja bem que não são necessárias longas horas de intensos sacrifícios. Já ouvi relatos de pessoas que desmaiam, tamanha é a tortura física que cometem e, definitivamente, o Senhor não se agrada de tais atos, uma vez que o maior sacrifício já foi pago na Cruz. É certo que a ausência do alimento é para que matemos a carne, vivifique o Espírito em nós e dediquemo-nos ao Senhor. Voltar nossas forças a Ele abdicando do alimento da carne. Quando jejuar, faça em secreto. Não é necessário anunciar para todos. No livro de Mateus 6: 16-18, está escrito:

> E, quando jejuardes, não vos mostreis contristados como os hipócritas, porque desfiguram o rosto, para que aos homens pareça que jejuam. Em verdade vos digo que já receberam o seu galardão.
>
> Porém tu, quando jejuardes, unge a cabeça e lava o rosto, para não pareceres aos homens que jejuas, mas sim a teu Pai, que está oculto; e teu pai, que vê o que está oculto, te recompensará.

A oração na madrugada é uma forma de também matarmos o desejo da carne de estar descansando e alimentarmos o Espírito Santo. "Eu amo os que me amam, e os que de madrugada me buscam me acharão" (Provérbios 8:17). Para uma alma sedenta, acordar, ou mesmo ficar a noite inteira em prantos, representa o consolo do Senhor tão desejado na busca que fazemos nas madrugadas. Às vezes, sentados no chão gélido e chorando inconsoláveis, buscando forças para prosseguir, olhar para os lados e buscar motivos para não desistir. Oh! Senhor, lágrimas escorrem de nossos olhos, foram tantas noites, gritos chegam à garganta e em soluços, o grito precisa ser mudo, para não acordar a casa inteira e, na fronha encharcada de lágrimas, gritamos abafado. Porque a dor é demais que chega a doer na carne. Olhamos e não enxergamos a ferida, mas dói que tira o nosso fôlego. Eu nunca imaginei que uma dor sentimental pudesse fazer padecer a carne. Queria gritar, a vontade era imensa, então entrava no carro e, sozinha lá dentro, eu gritava até vir a rouquidão. Pedimos que os dias se findem rápido, e concluir mais um dia traz alento porque aquele dia foi vencido. Não tem jeito, estaremos a todo tempo sendo provados e, se não tivermos firmados na fé, vamos sempre cair, e cairemos mesmo. A comunhão na vida do servo é crucial, porque, ao se levantar uma barreira, o Espírito tratará de tirar, conduzindo-nos pelo melhor caminho. Passei a buscar ao Senhor todos os dias nas madrugadas de orações na Igreja.

Apesar de não haver embasamento bíblico, há muitas afirmações de que quem louva ao Senhor ora duas vezes. Tal indagação se dá por conta de que, ao louvarmos, estamos ao mesmo tempo fazendo uma oração. Sabemos que muitos Salmos da Bíblia eram entoados com melodias. É por isso que muitos possuem uma estrutura poética. A Bíblia afirma que nosso Deus habita no meio dos louvores, "Porém tu és Santo, o que habitas entre os louvores de Israel" (Salmos 22:3).

A música tem o poder de mexer com a nossa mente, somos seres musicistas, e a ciência já comprovou inclusive a eficácia da aprendizagem por meio da música. O louvor nos faz expressar toda nossa gratidão pelo Senhor. Sempre que os servos estão passando por grandes lutas, eu aconselho ouvir louvores, constantemente em seus lares. É uma forma de aliviar a angústia que estão sentindo e renovar as forças e a esperança. "Portanto, ofereçamos sempre, por ele, a Deus sacrifício de louvor, isto é, o fruto dos lábios que confessam o seu nome" (Hebreus 13:15). Se o louvor é uma oração feita duas vezes, então atenção quanto aos louvores com muitas repetições, se observarmos até perdem o sentido profético, a presença do Espírito. Tem cantos que absurdamente ultrapassam 10 minutos só com repetição. Qual a intenção disso? Em uma entrevista, certa cantora declarou que ela não foi aceita pela gravadora porque ela não apresentava beleza física e a sua música não continha repetições para grudar na mente dos ouvintes. Detalhe: era um canto revelado pelo Senhor e foi rejeitado, indicando que tudo não passa de um comércio devorador.

É comum alguns servos relatarem que se renderam a Jesus, ou seja, se converteram durante um louvor, e ali operou o Senhor e o aquebrantou. Muitas vezes, diante de grandes investidas malignas, o Senhor manda entoar um louvor. Saul vivia atormentado por um espírito mau, e Davi, ao tocar a harpa, sentia calma. "E sucedia que, quando o espírito mau, da parte de Deus, vinha sobre Saul, Davi tomava a harpa e a tocava com a sua mão; então, Saul sentia alívio e se achava melhor, e o espírito mau se retirava dele" (1 Samuel 16:23).

O clamor é mais um recurso da Graça de Deus, é uma oração rápida que pode ser feita em qualquer lugar e a qualquer hora, que pode muito em seus efeitos. "Na minha angústia clamei ao SENHOR, e ele me ouviu"

(Salmos 120:1). A Palavra do Senhor relata que uma legião de anjos desloca-se do céu, quando um servo fiel clama, em seu favor. "Estando em angústia, invoquei ao SENHOR, e a meu Deus clamei; do seu templo ouviu ele a minha voz, e o meu clamor chegou aos seus ouvidos."

Muitas são as formas que podemos buscar ao Senhor, e Ele se agrada de um coração quebrantado, humilde e dependente Dele. Sabemos que, quanto mais o buscamos, mais temos nossas almas saciadas. Um cristão consciente conhece bem os recursos da Graça de Deus e permanece fiel em suas buscas e comunhão constante com o Senhor. O inferno estremece quando se aproxima de um servo fiel. Estamos vigilantes e não vamos parar até a chegada do Grande dia, em que Jesus voltará, ou para nós em particular, ou mesmo levando toda a Igreja consigo.

Não deixe as lutas arrancarem o seu sorriso, o teu prazer em viver e adorar a Deus. Não tenha medo de viver essa vida aqui. Encare com autoridade e poder em Cristo que possuímos por sermos servos amados e que vamos seguir. Fazendo uso das armas espirituais que são os recursos da Graça.

Conheça os meios de Graça e, para isso, tenha comunhão, busque-as! Quanto mais buscar, mais achará. Toda a tua vida deverá estar sob a direção de Deus. Coloque tudo diante Dele. Pague o preço para receber a revelação e as bênçãos que Ele tem reservado para sua vida.

CAPÍTULO 20
OS HERÓIS DA FÉ

Ser cristão é ter a certeza de que, enquanto aqui habitarmos nesta Terra, seremos perseguidos, caluniados, chantageados, induzidos a mentir e, muitas vezes, forçados a negar a Cristo. Às vezes, dentro da própria família, no local de trabalho, somos motivos de piadas e a todo momento tentam colocar em prova a nossa fidelidade a Deus.

A perseguição aos cristãos, muitas vezes, começa dentro do lar, antes mesmo do nascimento. No ventre de nossas mães, acontecem situações para que o projeto de Deus seja interrompido e, daí por diante, são acontecimentos cada vez mais angustiantes durante a infância, adolescência até chegar à vida adulta.

Muito ouvi testemunhos de servos que vieram de lares destruídos. Muitos foram negados antes mesmo de nascer, rejeitados a vida toda pelos pais. Eu tenho meu próprio histórico de rejeição por parte de quem deveria me amar e proteger. A verdade é que passaremos por situações que tirarão todo o nosso equilíbrio, mas é necessário morrer para o mundo, renunciar o pecado dia a dia e, o mais importante, sabermos que as pessoas que mais amamos serão nossos principais algozes.

Como servos do Senhor, somos povos escolhidos para carregarmos o bom nome de Jesus, seu bom perfume, nosso agir, nosso falar e, principalmente, a Luz do Espírito. Se ainda há amor no mundo, é por conta de nossa presença. Aonde quer que cheguemos, seremos reconhecidos. Para alguns, somos bem-vindos, e muitos até dizem sentir algo bom com a nossa presença e buscam explicações, esclarecimentos acerca do Evangelho, uma palavra de conforto, e sentem-se acolhidos. No entanto, outros nos odeiam sem que ao menos façamos nada e fazem de tudo para que sejamos atingidos. A luz que carregamos incomoda quem vive na escuridão.

Pego-me a lembrar dos heróis da Fé reconhecidos na Bíblia por suas bravuras e, mesmo diante da morte, não recuaram, não negaram sua Fé em Deus. Jogados em fornalhas, na cova dos leões, em arenas para serem devorados por leões e ainda serviam de atrações ao público, ridicularizados, envergonhados, carnes rasgadas diante do público. Decapitados, esquartejados, degolados, crucificados de cabeça para baixo, queimados vivos nas fogueiras. Até os dias de hoje, cristãos sofrem agressões pelo fato de pregarem o Evangelho. Ainda temos heróis da Fé pelo mundo dando testemunho do amor de Cristo, e quando esses se deparam com a morte, ficam firmes, na certeza de que o mundo é passageiro, nosso galardão é na eternidade. No livro de Lucas 6:22, diz: "Bem–aventurados sereis quando os homens vos aborrecerem, e quando vos separarem, e vos injuriarem, e rejeitarem o vosso nome como mau, por causa do Filho do Homem".

Como filho de Deus, esteja pronto para ser perseguido, não entristeça, mas permaneça firme na comunhão, na certeza de que maior é o que nos aguarda na eternidade. Por maior que seja a ofensa que tiver que passar, perdoe assim como ensina o Senhor. Ore por seus inimigos e siga sua caminhada. Deus sempre vai honrar cada lágrima que vier a derramar. O mundo será consumido juntamente aos que ficarem aqui após a volta de Jesus. Não pertencemos a este lugar. Em Mateus 5: 10-11, afirma:

> Bem-aventurados os que sofrem perseguições por causa da justiça, porque deles é o Reino dos céus;
>
> Bem-aventurados sois vós quando vos injuriarem, e perseguirem, e, mentindo, disserem todo o mal contra vós, por minha causa.

Não fique triste, porque, quanto mais perseguido, é sinal de que a marca de Cristo permanece em você, e isso é a melhor coisa que pode acontecer, ter a certeza da Salvação. Somos odiados pelos mundanos porque somos a certeza de que o plano de redenção existe, a presença do Espírito Santo em nós, neste lugar, é a prova de que o amor de Deus existe.

Nossa vida é testemunho de toda a verdade de Deus e, por isso, somos perseguidos a ponto de orquestrarem nossa destruição. Vivemos aqui, mas almejamos voltar para casa, vencermos as lutas, o deserto e cantarmos vitória do outro lado. Somos os heróis da fé dos dias atuais. E quem disse que não sentimos nossa carne rasgar a cada luta? Arder o nosso peito em chamas? São feridas invisíveis aos olhos, mas que possuem tanta dor quanto as propriamente relatadas na Bíblia. Estamos a lutar, mas não estamos sozinhos.

Um dia, toda a dor vai passar, as lágrimas cessarão, e teremos o consolo na cidade eterna. Venceremos todas as ciladas e investidas e, o principal, teremos concluído nosso projeto a que viemos para realizar. Muitas vidas poderão ser alcançadas, e terão ouvido falar de um Deus que é puro e verdadeiro através de nossa boca. No livro de Filipenses 1: 20-21:

Mas que importa? Contanto que Cristo seja anunciado de toda a maneira, ou com fingimento, ou em verdade, nisto me regozijo e me regozijarei ainda.

Porque disto me resultará salvação, pela vossa oração e pelo socorro do Espírito de Jesus Cristo, segundo a minha intensa expectação e esperança, de que em nada serei confundido; antes, com toda a confiança, Cristo será, tanto agora como sempre, engrandecido no meu corpo, seja pela vida, seja pela morte.

Porque para mim o viver é Cristo, e o morrer é ganho.

Desde a primeira Igreja, sempre tentam nos calar. Não vamos nos calar, não vamos nos intimidar, viemos com um propósito e cumpriremos, mesmo que, para isso, paguemos com o preço de nossas próprias vidas, vidas essas que já foram pagas no Calvário por Jesus.

CAPÍTULO 21
O TOQUE DA QUARTA TROMBETA E A VOLTA DE JESUS

Neste capítulo, abordarei sobre o toque das quatro primeiras trombetas, descritas na Palavra de Deus, no livro de Apocalipse, Capítulo 8. Ao abrir a Palavra, fiz a primeira observação estética, ou seja, na forma como os capítulos foram organizados. Talvez alguns possam dizer que é bobagem e que foram assim divididos por acaso. Bem sabemos que não há acasos nos Planos de Deus. Após falar sobre as quatro trombetas, o texto tem ali uma quebra, uma pausa, retomando no Capítulo 9 para dar sequência com a quinta e as demais trombetas.

Muitas religiões ainda estão estudando tais acontecimentos, e muitos pesquisadores da letra, levantando cada um seu ponto de vista, com muitas falácias. Afinal, as Trombetas já começaram a soar ou não? Apontarei aqui argumentos científicos e, principalmente, argumentos na Palavra de Deus. O momento em que estamos vivendo está descrito na Bíblia como o Princípio de Dores, no livro de Mateus 24: 3-14:

> E, estando assentado no monte das Oliveiras, chegaram-se a ele os seus discípulos, em particular, dizendo: Dize-nos quando serão essas coisas e que sinal haverá da tua vinda e do fim do mundo?
>
> E Jesus, respondendo, disse-lhes: Acautelai-vos, que ninguém vos engane,
>
> Porque muitos virão em meu nome, dizendo: Eu sou o Cristo; e enganarão a muitos.
>
> E ouvireis de guerras e rumores de guerras; olhai. Não vos assusteis porque é mister que isso tudo aconteça, mas ainda não é o fim.
>
> Porquanto se levantará nação contra nação, e reino contra reino, e haverá fomes, e pestes, e terremotos em vários lugares.
>
> Mas todas essas coisas são o Princípio de Dores.

Podemos observar esse período e identificar com tudo que estamos vivendo em nossos dias e mais ainda fazer uma analogia com as quatro primeiras trombetas. A ordem da pergunta "a tua vinda" e do "fim do mundo", demonstrando que será um período sequencial. Ao soar a quarta trombeta, Jesus virá e, em sequência, ao soar a quinta trombeta, em Apocalipse 9, inicia-se o período da Ira do Senhor.

De que forma também podemos relacionar esses dois eventos? Ainda no livro de Mateus capítulo 24: 13-14, diz: "Mas aquele que perseverar até ao fim será salvo. E este Evangelho do Reino será pregado em todo o mundo, em testemunho a todas as gentes, e então virá o fim". Ao lermos esse versículo, compreendemos que Jesus se refere ao princípio de dores e alerta sobre pregar o Evangelho justamente nesse período, e então será o fim. O texto termina e, logo a seguir, sequencialmente, inicia-se o sermão sobre *A Grande Tribulação*.

A Igreja será poupada, ao toque da quarta trombeta, quando Jesus virá nos buscar. Há alguns versículos que comprovam esse afirmação. Em Apocalipse 3: 10, diz: "Como guardaste a palavra da minha paciência, também eu te guardarei da hora da tentação que há de vir sobre todo o mundo, para tentar os que habitam na terra". No livro 1 Tessalonicenses 5: 9, também podemos ver: "Porque Deus não nos destinou para a ira, mas para a aquisição da salvação, por nosso Senhor Jesus Cristo". Esse versículo relata claramente a Igreja sendo salva por Jesus para que seja levada à Salvação e escape da ira. Outro versículo, também em 1 Tessalonicenses 1: 9-10, relata: "[...] e esperar dos céus a seu Filho, a quem ressuscitou dos mortos, a saber, Jesus, que nos livra da ira futura". Ainda podemos observar um versículo que se encontra no livro de Isaías 57: 1, que diz: "Perece o justo, e não há quem considere isso em seu coração, e os homens compassivos são retirados, sem que alguém considere que o justo é levado antes do mal". Esse último versículo em Isaías é ainda mais específico porque fala de forma clara que como servos perecemos neste mundo, levamos o Evangelho como orientado por Jesus, e ninguém considera; porém seremos retirados por Ele antes do mal.

Podemos afirmar que as três primeiras trombetas já soaram quando fazemos uma analogia com o período do princípio de dores. Analisemos a cada uma agora.

A primeira trombeta está em Apocalipse 8: 7, que diz assim: "E o primeiro anjo tocou a Trombeta, e houve saraiva e fogo misturado com sangue, e foram lançados na terra, que foi queimada na sua terça parte; queimou-se a terça parte das árvores, e toda a erva verde foi queimada."

Por que afirmamos que essa trombeta já tocou? O desmatamento é algo bastante discutido em fóruns mundiais. As queimadas que acontecem anualmente; a ganância humana avançando; as derrubadas para produção agrícola; e, por mais que muitos tentem, não conseguirão anular os danos causados à natureza. Inúmeros estudos comprovam que as árvores naturalmente estão posicionadas de modo que possam conter a chegada de pragas e não sejam destruídas de uma só vez. Jamais a mão do homem poderá substituir a Obra perfeita que Deus criou.

O perigo da desertificação já mencionada na Obra de Euclides da Cunha, em *Os Sertões*, é uma indagação sobre algo que vem ocorrendo desmedidamente. Podemos dizer assim que a primeira trombeta já soou.

A segunda trombeta está em Apocalipse 8: 8-9, que descreve:

> E o segundo anjo tocou a trombeta; e foi lançada no mar uma coisa como um grande monte ardendo em fogo, e tornou-se em sangue a terça parte do mar.
>
> E morreu a terça parte das criaturas que tinham vida no mar; e perdeu-se a terça parte das naus.

Há meio século que pesquisadores oceanógrafos vêm lançando o alerta sobre o desaparecimento de espécies marinhas, um total de mais de mil espécies já extintas. Um cenário que está cada vem mais se degradando devido à ação ativa do homem, tanto com pescas predatórias como a poluição massiva de descartes das indústrias no mar, que possuía ciclos que se renovavam anualmente, o que não se observa mais com a extinção de algumas espécies. Concluímos que a segunda trombeta já soou.

Em Apocalipse 8: 10-11 relata a terceira trombeta:

> E o terceiro anjo tocou a trombeta, e caiu do céu uma grande estrela, ardendo como uma tocha e caiu sobre as fontes das águas.
>
> E o nome da estrela era Absinto, e a terça parte das águas tornou-se em Absinto, e muitos homens morreram das águas porque se tornaram amargas.

A Revolução Industrial foi marcada pela criação da máquina à vapor e da locomotiva. A produção que até então era artesanal, com esse avanço, passou a ser manufaturada e com a produção em larga escala e com utilização da locomotiva. Com sua grande bola de fogo para se manter funcionando, cruzava de um canto a outro os continentes, expandindo as produções e, ao mesmo tempo, transportando os produtos que seriam utilizados nas fábricas.

O absinto é uma planta que a farmacologia usa para a produção de medicamentos para diversas enfermidades. Na Bíblia, podemos compreender que essa erva representa a busca por matéria-prima que se tornou desenfreada, causando a degradação ambiental e, com a urbanização, trouxe problemas com resíduos sólidos, despejo de mercúrio nas águas, tornando-as amargas e impróprias para o consumo humano. Não resta dúvidas de que a terceira trombeta também já soou.

Aguardamos o toque da quarta trombeta e entendemos que será a volta de Jesus, que virá buscar a Igreja. A quarta trombeta está descrita no livro de Apocalipse 8: 12-13:

> E o quarto anjo tocou a trombeta, e foi ferida a terça parte do sol, e a terça parte da lua, e a terça parte das estrelas, para que a terça parte deles se escurecesse, e a terça parte do dia não brilhasse, e semelhantemente a noite.
>
> E olhei e ouvi um anjo voar pelo meio do céu, dizendo com grande voz: Ai! Ai! Ai dos que habitam sobre a Terra, por causa das outras vozes das trombetas dos três anjos que hão de ainda tocar!

Entendemos com isso que, a partir desse momento, se iniciará o período da ira, e percebe-se que, a partir daqui, a natureza não será mais tocada como antes, porém será permitido tocar nos homens. Como relatei no início do texto, a Igreja será poupada da ira, que também a conhecemos como a grande tribulação. No Evangelho de Lucas 21: 20-24, podemos ler:

> Mas, quando virdes Jerusalém cercada de exércitos, sabei, então, que é chegada a sua desolação.
>
> Então, os que estiverem na Judeia, que fujam para os montes; os que estiverem no meio da cidade, que saiam; os que estiverem nos campos, que não entrem nela.
>
> Porque dias de vingança são estes, para que se cumpram todas as coisas que estão escritas.
>
> Mas ai das grávidas e das que criarem naqueles dias! Porque haverá grande aflição na terra e ira sobre este povo.
>
> E cairão a fio de espada e para todas as nações serão levados cativos; e Jerusalém será pisada pelos gentios, até que os tempos dos gentios se completem.

Anelamos pela volta de Jesus que virá nos buscar. "Eis que vem com as nuvens, e todo o olho o verá, até os mesmos que o traspassaram; e todas as tribos da terra se lamentarão sobre ele. Sim! Amém! (Apocalipse 1:7), ouviremos o soar da quarta trombeta e Ele virá cumprir o que prometeu, não haverá segunda chance, como na parábola das dez virgens, "E ele, respondendo, disse: Em verdade vos digo que vos não conheço" (Mateus 24:12). Também não haverá arrebatamento secreto. Quem inventou essa falácia foi um padre na tentativa de desviar o foco, quando os protestantes acusavam o papado de ser o anticristo. Em contrapartida a esse pensamento, surgiram os pensadores, os teólogos que, assim como Lutero, estudaram a Bíblia à luz de velas, e esse movimento tomou força para coibir esse pensamento protestante que era acusar o papado de ser o anticristo. Então, esses teólogos levantaram essa hipótese do arrebatamento secreto, chamado também de dispensacionalismo e futurismo, e quem primeiro tocou nesse assunto foi o padre John Nelson Darby, que seguiu o movimento de um padre que veio antes dele, chamado Francisco Ribera, que nem imaginou que suas palavras levariam tantas pessoas a acreditarem. O que tem de pastores e servos de Deus acreditando nisso é algo assustador, mas não se engane, "TODO OLHO O VERÁ", até mesmo os que não creram. A Igreja triunfará nas bodas do cordeiro porque estamos vigilantes na comunhão e em busca constante por santificação, sem a qual ninguém verá a Deus.

CAPÍTULO 22
A IGREJA VAI PARTIR

O mundo vive momentos angustiantes: pragas, terremotos, maremotos, pestes, e a pior de todas, que é a falta de amor entre as pessoas. A Terra geme em dores de parto, vemos tudo acontecer, e muitos ainda estão despercebidos. Desconhecem as profecias, não reconhecem os sinais que estão se cumprindo. Os sinais e as profecias descritos há mais de 2 mil anos na palavra de Deus. Sinais esses que são para a Igreja como princípio de dores, mas ainda não será o fim. A Igreja vive esse momento e reconhece cada um desses acontecimentos como a certeza de que tudo está se cumprindo e, em breve, Jesus virá buscá-la. O mundo não reconhece esses sinais, como cumprimento da Palavra, porque desconhece a Palavra de Deus.

Para nós é a certeza, e, durante esse processo, a Igreja está sendo nutrida, preparada como a noiva adornada. Preparada pelo Espírito Santo, e, diferentemente do mundo, cremos na Palavra e cremos que seremos poupados nos dias maus, somos obedientes e guardamos os mandamentos em nossos lares. Em nossas casas, deixaremos a Luz, que é Jesus, entrar e fazer morada. Fecharemos nossas portas, deixando do lado de fora as potestades malignas e, em segurança, guardaremos a quem amamos debaixo da proteção do Senhor. Em nossas portas, haverá anjos como Atalaias do Norte. Se formos fiéis até o fim, Ele, o Senhor, será fiel conosco.

O mundo lá fora consumido pelas desgraças, porque não creram no Senhor. Desconhecem a Palavra e em vão é a falsa fé que possuem quando muitos são amantes da idolatria, dos bens materiais, vivem apenas em busca das bênçãos para esta vida e não estão preocupados com a salvação de suas almas. São esses que muitas vezes tentarão colocar a nossa fé em provas, mas subsistiremos porque temos um Deus que batalha nossas batalhas e, se formos fiéis e obedientes, no momento certo, seremos honrados. Em Mateus 10: 16, diz: "Eis que vos envio como ovelhas ao meio de lobos; portanto, sede prudentes como as serpentes e simples como as pombas".

A Igreja vai partir, em breve, mas, enquanto aqui estivermos, precisamos ser vigilantes em nossas palavras, mantendo a comunhão, pois, mesmo estando diante de grandes provas, o Espírito de Deus falará por nós, usará nossos lábios, com o coração brando e calmo, porque, se houver a ira de nossa parte, entra a razão, e, nesses casos, o Espírito se calará. Em Mateus 10:20, ainda diz: "Porque não sois vós quem falará, mas o Espírito de vosso Pai e que fala em vós."

A Igreja está sendo preparada para a partida, e, algumas vezes, seremos acometidos. O Senhor permitirá a investida para que sejamos moldados. Tenhamos em mente que nosso Senhor é dono de tudo que há na Terra, que tudo é Dele e, com apenas uma palavra, pode sarar o seu povo e os livrar. Mas é do seu querer nos aperfeiçoar, moldar nossos corações e nossa fé, e, assim, em meio às provas, buscamos por meio dos meios de Graça. Assim o Senhor enxerga em nós a sua marca, a marca de nossa obediência nos corações. Temos a certeza de que receberemos um peso de Glória que não há de se comparar com as angústias e aflições que vivemos. Não ficaremos assustados nem amedrontados.

Esse é o momento final da Igreja no mundo. Jesus virá buscá-la, e estamos prontos porque vencemos os principados, as potestades, as trevas e as hostes espirituais. Buscamos refúgio no Senhor, tomamos a armadura de Deus para permanecermos firmes e vamos partir. Quando a Igreja partir, o mundo não vai acabar, iniciará o que a Palavra descreve como "a grande tribulação"; aqueles que foram lançados fora, haverá dor e ranger de dentes. No Evangelho segundo Lucas 13:28, descreve: "Ali, haverá dor e ranger de dentes, quando virdes Abraão, e Isaque, e Jacó, e todos os profetas no Reino de Deus e vós, lançados fora". A Igreja será arrebatada. O Espírito Santo será recolhido. Se hoje ainda existe um pouco de amor no mundo, é pela presença do povo de Deus e pela presença do Espírito. Imagine esses sendo recolhidos! Não passaremos pela grande tribulação, seremos poupados, recolhidos junto aos Santos para desfrutar do Reino celestial porque fomos fiéis, porque guardamos as palavras da Lei de Deus, usando como escape, porque passamos pela Terra, fomos provados e não desfalecemos, subsistimos, resistimos e cremos mesmo diante da morte, fomos corajosos, vigiamos nossa coroa!

Existe uma guerra; e, se há uma guerra, há quem vença e há quem perca. Os que ficarem foram aqueles que deixaram de buscar. Não creram Nele, tiveram pequenos ou grandes descuidos. Amantes da mentira, profanaram o Altar do Senhor. Deturparam o Evangelho, enganaram e fizeram perder-se a muitos dos filhos de Deus. Esses ficarão de fora e terão seus nomes riscados do Livro da Vida e serão lançados no fogo eterno. Desejarão a morte, e ela não mais existirá. Desejarão que os montes desabem sobre eles, tamanha será a sua dor. Em apocalipse 22:15, está escrito: "Ficarão de fora os cães e os feiticeiros, e os que se prostituem, e os homicidas, e os idólatras, e qualquer que ama e comete a mentira". Arrependei-vos enquanto Jesus está chamando! Não impomos, mas quem tem ouvidos, quem quer ouvir, ouça o que o Espírito diz às Igrejas. "E disse-me: Escreve: Bem-aventurados aqueles que são chamados à ceia das Bodas do Cordeiro. E disse-me: Estas são as verdadeiras palavras de Deus" (Apocalipse 19:9).

CAPÍTULO 23
O PERFEITO LOUVOR A DEUS

Como dizer que não sente o coração acelerar, o corpo ter um arrepio, sentir a presença do Senhor em um louvor bem cantado? Quantas vezes choramos copiosamente enquanto entoamos um louvor a Deus? A origem do louvor é na eternidade e volta através de nossos lábios como forma de gratidão pelas bênçãos imerecidas, pelas graças recebidas. Como prova de fé quando em meio às provas, entoamos louvores, fortalecemo-nos para prosseguir na caminhada. Isso é orar, enaltecer ao nome daquele que habita no meio dos louvores. "Porém tu és Santo, o que habitas entre os louvores de Israel" (Salmos 22:3).

Durante minha caminhada na evangelização, constatei que muitas pessoas depressivas possuíam o mesmo argumento, mesmo comportamento ao relatarem as piores fases da doença. Nos momentos de crises, ouvem as mesmas músicas e, pasmem, são conteúdos produzidos por artistas completamente depressivos, músicas deprimentes, atribulados. Em um dos relatos, a jovem disse até que o cantor cometeu suicídio. Mas então o que é que acontece? No momento da composição da música, o artista está sofrendo grandes investidas de espíritos malignos, opressores que os motivam a compor sua extrema tristeza. Quando chega a obra produzida aos ouvidos de seus admiradores, é provocado o mesmo efeito neles, porque o espírito maligno passa a agir também na vida de quem a escuta.

Dessa mesma forma são com os louvores para Deus, o artista está em plena comunhão com o Espírito Santo que revela a letra e, ao produzi-lo e chegando aos fiéis, causa a mesma sensação de paz e presença do Senhor. Então entra também um assunto polêmico: podemos ouvir outros tipos de músicas que não sejam louvores a Deus? Sim, podemos, desde que saibamos exatamente o que diz a letra, principalmente, se estiver em outro idioma, que não faça apologia a drogas, sexo, adultério, à pedofilia, ao álcool, à prostituição, entre tantos outros pecados que desagradam a Deus.

O Espírito passeia nos cultos, nos lares e afastam para longe toda a angústia e opressão ali presentes. Por isso, é importante, em nossos lares, termos o hábito de sempre ouvirmos cânticos para Deus, para que tua casa seja um lar de bênçãos e provisões divinas. Eu pude constatar isso por meio de uma experiência com o Senhor. Durante minha juventude, eu gostava muito de um cantor, então, agora depois de adulta, baixei uma música dele e passei a ouvir, mas quando ouvia eu entrava em pleno estado de tristeza. E foi quando Deus ordenou que eu parasse de ouvir, porque sempre que eu ouvia, era visitada por espíritos opressores.

Então não resta dúvida de que há um agir espiritual, sendo para o bem ou para o mal. Se estiver duvidando, faça um teste e verás como nosso humor muda dependendo da música.

Uma passagem bíblica nos mostra o grande poder de se louvar ao Senhor, que é quando Paulo e Silas, na prisão, nos mostra, que, mesmo em grandes dificuldades, preferiram adorar ao Senhor, em Atos 16:25: "Perto da meia-noite Paulo e Silas oravam e cantavam hinos a Deus, e os outros presos os escutavam". A grande lição dessa passagem é que, enquanto cantavam, houve um grande terremoto, o Espírito de Deus visitou todos naquele lugar, e todas as portas se abriram. Eu me pergunto, se houve a mão divina para que se abrissem todas as prisões, por que não fugiram? A passagem vem para mostrar o quão poderoso pode ser o nosso louvor, que pode mover portas, rochas, em nosso favor e, ao mesmo tempo, ensinar que devemos louvar mesmo passando por lutas para que haja o agir de Deus. O perfeito louvor são orações, remissão de nossas almas, coração aquebrantado e entregue ao amor maior e supremo que é do nosso Senhor.

Na minha humilde compreensão, existem formas diferentes de se louvar. Quando estamos reunidos como um corpo, cantamos hinos que são apenas entoados nos cultos, esses separados apenas para os cultos, porque ali estamos para fazer nossa oferta de louvor para agradar a Deus, mas existem louvores que são entoados em show gospel, com cachês superfaturados em cima das vendas de ingressos – "[...] de graça recebestes, de graça dai" –, e suas apresentações, às vezes, não passam de peças teatrais bem ensaiadas, isso tudo para agradar o mundo. Sei que estou pisando em terreno perigoso porque há quem goste, porém é necessário sabedoria. Já vi alguns vídeos dessas apresentações e, pode acreditar, usam até faixas nas cabeças, bandeiras, camisetas com rosto do artista, gritam o nome do famoso. Então me pergunto: onde está a diferença com as apresentações de outros cantores mundanos? Estão ali pelo Senhor ou pelo artista?

Vou contar uma história que vivenciei quando trabalhava em uma escola. Na hora do intervalo, uma professora comentou, comovida, que havia ido ao um show gospel de um cantor, em que um rapaz deficiente subiu ao palco e disse que muitos ali choraram emocionados. Então, nesse momento, outra professora que também havia assistido ao show desse cantor, só que em outra cidade, relatou que lá também teve um momento parecido e que tinha achado lindo demais. O interessante é que eu olhei bem para as duas e não se deram conta que havia participado da mesma peça teatral para comover os fãs. Como pode isso?

Se é dom de Deus, não há motivos para cobranças exageradas nos ingressos. Confesso que tem alguns cantores que eu gosto de ouvir em minha casa e sinto meu ser encher do Espírito Santo, eu consigo sentir a mesma comunhão que o cantor, porém outros são tão fracos de comunhão que necessitam várias repetições para que fique mais longo, intuito de grudar na mente das pessoas. Se observar a letra na íntegra, é apenas um pequeno trecho, o resto é repetição, perde o teor profético e a comunhão com o Espírito. Vou repetir o que disse no capítulo anterior: o louvor é uma oração, e o ato da repetição tanto na oração que deve ser dinâmica, quanto nos louvores, o ato exagerado de repetição é hipocrisia, e assim os chamou Jesus: "Hipócritas fariseus". Sabemos que o louvor é uma oração, e a Palavra é bem clara sobre as repetições. "E, orando, não useis de vãs repetições, como os gentios, que pensam que por muito falarem, serão ouvidos" (Mateus 6:7). Quando estamos em comunhão, sentimos exatamente o momento no louvor em que veio da parte do Senhor porque o Espírito confirma, e em outras partes são palavras do homem.

Não radicalizarei aqui, pois existem louvores maravilhosos e que, se você observar os testemunhos de alguns desses cantores, são histórias de lutas e sofrimentos. Nessa hora, lembro-me dos profetas que também sofreram muito. Eu observei que esses cânticos são para confortar os corações dos servos, aconselhamentos, *FALA DE DEUS* para os crentes, e os entoados nos cultos *FALAM PRA DEUS*. São ofertados ao Senhor chamados de cânticos espirituais, que são revelações advindas da eternidade. Deus orienta quais louvores vão agradá-lo, os quais devemos cantar quando estivermos nos cultos. "A palavra de Cristo habite em vós abundantemente, em toda a sabedoria ensinando-vos e admoestando-vos uns aos outros, com salmos, hinos e cânticos espirituais; cantando ao Senhor com graça em vosso coração" (Colossenses 3:16).

O louvor é uma das heranças mais lindas enviadas pelo Senhor para o seu povo. Serve de consolo, conforto, adoração e renovo espiritual. Constatei sobre a importância de cantar muitos louvores antes da ministração da Palavra, o louvor prepara o coração para receber o Evangelho. "Celebrai com júbilo ao SENHOR, todos os moradores da terra. Servi ao SENHOR com alegria e apresentai-vos a ele com canto" (Salmos 100:1-2). Quantas vezes, em sofrimento, Davi criou os mais lindos Salmos que eram cânticos ao Senhor que serviam de consolo. Por meio dos louvores, vidas se convertem a Jesus porque é uma oração que veio da eternidade, e batalhas são vencidas como está relatado na Palavra de Deus, quando

Josafá clamou ao Senhor para que conseguisse enfrentar o grande exército de Amom e de Moabe. Josafá organizou, diante dos armados, o grupo de louvor; e, à medida que avançavam cantando, os inimigos já caíam mortos, porque é o Senhor quem peleja por nós. No livro de 2 Crônicas 20:21, "E aconselhou-se com o povo e ordenou cantores para o SENHOR, que louvassem a majestade santa, saindo diante dos armados e dizendo: Louvai o SENHOR, porque a sua benignidade dura para sempre".

O louvor fala conosco nos cultos e, às vezes, quando a Palavra vem, apenas confirma o que já havíamos recebido por meio dos hinos. Essa é a importância de um culto em que há a busca espiritual, a busca pelos dons, pela revelação, porque tudo funciona em perfeita harmonia, com ordem e decência. Tudo que Deus faz é perfeito em nossas vidas.

CAPÍTULO 24
AS RIQUEZAS DESSE MUNDO

Nascemos e crescemos numa busca incessante para adquirirmos bens, riquezas e, ao firmamos nossos pés na caminhada, na presença do Senhor Jesus, percebemos que essas riquezas não são nada. Obtemos outra visão e aprendemos o que realmente tem valor para nós, que é a Salvação. A Palavra do Senhor diz, em Mateus 6: 19: "Não ajunteis tesouros na terra, onde a traça e a ferrugem tudo consomem, e onde os ladrões minam e roubam".

Nada nesta Terra nos pertence, nem nossos corpos, que são moradas passageiras, nem nossos filhos, nada possuímos porque tudo ficará aqui ao passarmos brevemente sobre este lugar terreno.

Jó é um grande exemplo de humildade e retidão a Deus, na Bíblia. Homem rico e experimentado, com muitas fazendas, filhos, porém não deixava de adorar ao Senhor. Eis que Satanás duvidou de sua fé e pediu autorização a Deus para prová-lo. "E disse o Senhor a Satanás: Eis que tudo quanto têm está na tua mão; somente contra ele não estendas a tua mão. E Satanás saiu da presença do SENHOR!" (Jó 1: 12). E assim o fez, porém Jó continuava fiel, então tocou também em sua saúde. Seu estado ficou miserável, que as outras pessoas, ao olharem, perceberem sua dor insuportável e lamentavam. Em uma das situações, ele apenas respondeu: " Nu saí do ventre de minha mãe e nu tornarei para lá; o SENHOR o deu e o SENHOR o tomou; bendito seja o nome do SENHOR" (Jó 1: 21).

Jó demonstrou que nada somos, nada temos e, mesmo em condição miserável, ainda assim, temos motivos para glorificar a Deus, porque o que importa é a nossa vida eterna, a pureza de nossa alma e que viemos da eternidade e para lá retornaremos.

Enquanto aqui estivermos, seremos provados: no trabalho, na saúde e na família, dentro de nossos lares. Onde doer mais, será ali que Satanás tentará, e Deus permitirá para que nosso coração seja sondado e moldado. Em Deuteronômio 8:2, diz: "E te lembrarás de todo o caminho pelo qual o SENHOR, teu Deus, te guiou no deserto estes quarenta anos, para te humilhar, para te tentar, para saber o que estava no teu coração, se guardarias os seus mandamentos ou não".

Quantos enganos há! Muitos buscando a Deus para as riquezas deste mundo. Pobres e miseráveis de espírito. Quem prometeu fortunas para esta Terra passageira não foi o nosso Senhor. Ele nos prometeu a Salvação e que estaria conosco até o dia que voltará para nos buscar; que teríamos grandes lutas por amor de Seu Nome, mas sairíamos vitoriosos.

Buscar a Deus sobre todas as coisas e as demais, Ele nos acrescentaria, e toda a sua promessa Ele tem cumprido. Não estamos órfãos, estamos amparados. Muitas vezes, nem precisamos pedir, porque Ele conhece nossas necessidades e provê todo o sustento. Um justo também não precisa mendigar o seu pão porque o Senhor move corações, e estes vêm em nosso socorro. No Livro de Salmos 37: 25, afirma: "Fui moço e agora sou velho; mas nunca vi desamparado um justo, nem a sua descendência a mendigar o pão". Nesse capítulo, ainda segue mais explicações no versículo 28, que diz: "Porque o SENHOR ama o juízo e não desampara os seus santos; eles são preservados para sempre; mas a descendência dos ímpios será desarraigada"..

Para que duvidar desse amor? Um Deus que fez a Terra retroceder um dia em favor de seu povo. Fez cair o Maná do céu e uma fonte de água viva a partir de uma rocha para saciar a quem tanto amou; e Ele não mudou, tem operado milagres em nosso meio somente para socorrer um filho amado.

Tudo há de passar, tudo ficará aqui e será consumido junto da Terra. Desapegue-se de bens materiais. Tire a ambição de seu coração porque, onde há um homem rico e afortunado, ali também existe um coração angustiado, falsos amigos, amores interesseiros. A Palavra relata em Mateus 19: 24 "E outra vez vos digo que é mais fácil passar um camelo pelo fundo de uma agulha do que entrar um rico no Reino de Deus". A riqueza faz com que o homem endureça o coração, perca a sua humildade e logo se transforme em alguém soberbo e sem escrúpulos. Apocalipse 3:17: "Como dizes: Rico sou, e estou enriquecido, e de nada tenho falta (e não sabes que és um desgraçado, e miserável, e pobre, e cego, e nu)."

Não estou querendo dizer que, para carregar o nome de Cristo, precisamos fazer voto de pobreza e tornarmos andarilhos a espera de doações. Deus proverá um lar aconchegante e suficiente para servir de abrigo, fornecerá alimentos necessários para a subsistência e conforme a necessidade, até proverá um meio de transporte, mas tudo dentro da simplicidade. Creia que Ele cuidará dos mínimos detalhes em sua vida, se formos fiéis até o fim, até o fim, Ele será fiel a nós.

O dinheiro não compra a paz, nem a saúde, muito menos amores verdadeiros. Quando cair em desgraça, quando mais precisar de uma mão amiga, perceberás que está sozinho. Nos últimos dias, os homens serão amantes de si mesmos, ficarão ao lado de quem pode oferecer algum benefício e, após extrair tudo de que precisam, se afastarão em busca de outros que atendam aos seus anseios momentâneos, sem oferecer amor verdadeiro ou gratidão em troca.

Enquanto temos algo de bom para oferecer, estamos rodeados de pessoas assim, mas, se caímos na pior, o que recebemos é desprezo e nos tornamos companhia desagradável e até somos vistos como pedra no caminho de tortura ao próximo. Eu tive essa experiência desagradável. Enquanto eu tinha uma condição boa, era o tempo todo convidada para aniversários, comemorações, restaurantes e lanchonetes, mas, quando houve meu divórcio e perdi meu emprego, de repente, vi tudo ruir debaixo de meus pés. Muitos viraram as costas, pois eu já não podia mais pagar os passeios como antes. Eu via as fotos nas redes sociais dos passeios e já não me convidavam mais porque eu não poderia mais pagar. Por isso, eu digo que ter fortuna é sinônimo de falta de paz, amigos falsos e interesseiros. Aprendi da forma mais dolorosa que amigo único, fiel e verdadeiro, que jamais abandona, é somente Jesus.

Aprendi a perceber que miserável é o homem que busca a Deus para os problemas dessa vida. Vejo Igrejas preocupadas em receber muito dinheiro de seus fiéis, prometem resolver a vida financeira, amorosa, e muitos até ameaçam que Deus não gosta de servos inadimplentes. Leiam a Bíblia! Busquem a revelação! Cada um pode fazer suas buscas individuais porque o véu se rasgou, não permitam mais fazer parte desse engano, falsos profetas com suas heresias. Salvem-se! Fujam dessa geração perversa!

"Mas Deus lhe disse: Louco, esta noite te pedirão a tua alma, e o que tens preparado para quem será? Assim é aquele que para si ajunta tesouros e não é rico para com Deus" (Lucas 12: 20-21). O servo que é espiritual está preocupado com a eternidade e se manter firme na caminhada com seus corpos incorruptíveis, vestes embranquecidas, até estarmos frente a frente ao Trono do Cordeiro que venceu o mundo por amor de nós, enquanto os carnais, que estão preocupados com os problemas dessa vida, são pobres e miseráveis porque serão consumidos por causa da ganância. Esses ficarão aqui após Jesus buscar a Igreja Fiel.

CAPÍTULO 25

DEUS É A CURA PARA SUA ANSIEDADE!

Muitas vezes, deparamo-nos olhando fotografias, vídeos, ou mesmo nos próprios pensamentos, com momentos passados que fizeram parte de nossas vidas nos lamentamos. Suspiramos profundamente, principalmente quando tudo aquilo que você projetou para viver está agora apenas nas recordações. Chegamos até a indagar: e se eu tivesse feito diferente? Se eu tivesse aproveitado mais? Beijado, abraçado mais nossos filhos, nossos pais... É dolorido demais pensar em tudo isso e conter as lágrimas que escorrem por lembrar de algo que se perdeu, ou se acabou inesperadamente. Essa mistura de sentimentos faz-nos ficar inseguros e gerar ansiedade por achar que tudo fugiu do nosso controle, e o medo de perder novamente é constante.

A incerteza por imaginar que talvez tenhamos feito de menos. A tristeza por não poder retroceder, angústias da preocupação com o amanhã causam insegurança e incerteza por medo de errar de novo.

O ser humano sempre será um viajante do tempo, as agruras do passado e as incertezas do amanhã. A Palavra de Deus é tão perfeita e completa que até isso nos conduz quando diz no livro de Mateus 6:34: "Não vos inquieteis, pois, pelo dia de amanhã, porque o dia de amanhã cuidará de si mesmo. Basta a cada dia o seu mal".

Nossa visão é curta e limitada. É por isso que devemos confiar que nosso Senhor vai estar sempre conosco e guiar nossos passos porque conhece o melhor caminho. Isso é confiar, isso é ter fé que Ele tem o melhor para nossas vidas. É acreditar que sua Boa Mão estará a nos amparar se Ele mandar pular do abismo.

Não lamentaremos o que passou nem sofreremos por coisas futuras. Deus é o Senhor do amanhã, Ele já está lá. Eu lembro quando finalmente fui convocada para dar aulas, e, no momento de assinar o contrato, a mulher me avisou que era apenas temporário, por três meses, apenas para substituir um professor de licença. Eu estava trabalhando em outro lugar, que, apesar de receber bem menos, pelo menos não era provisório. Na hora, a mulher tentou me intimidar para que eu desistisse, porém eu pedi um instante para pensar e clamei ao Senhor. O Senhor sussurrou: "Assine!" Eu assinei. No caminho de volta, eu ainda argumentei com o Senhor: E agora Senhor, o que farei? Renunciar ao certo pelo duvidoso? E Ele voltou a dizer: "Eu Sou o Senhor do amanhã, Eu já estou lá!" Ao finalizar o terceiro mês, o contrato foi renovado por mais um ano.

O importante é entender que precisamos aproveitar ao máximo cada dia porque ele é único, e o tempo é implacável. Para os dias ruins, a certeza de que ele acabará e sua duração é a mesma quantidade de horas do próximo dia. Daqui a pouco tempo, estaremos a lamentar o dia de hoje. Em Salmos 30: 5, está o seguinte texto: "Porque a sua ira dura só um momento; no seu favor está a vida; o choro pode durar uma noite, mas a alegria vem pela manhã".

Os dias bons terminam, as alegrias, as conquistas. E por que os dias ruins precisam perdurar por meses, anos ou até mesmo décadas, causando dores amargas? Tem pessoas que fazem de cada experiência ruim uma bola de ferro e a prendem em seus pés, impedindo de caminhar para frente e viver o presente. Julgam-se insuficientes, inseguras e com a autoestima baixa. Eu sei que não é fácil lembrar-se do filho que precisou partir, dos pais, do seu casamento, do emprego, seja qual for a sua perda, mas não é necessário fazer disso um mártir.

Eu sei que há dias tristes em que precisamos ficar quietinhos, num quarto escuro. Quando isso acontecer, aproveite para chorar bastante, colocar tudo para fora até esvaziar, mas depois erga a cabeça, limpe o rosto, levante-se e caminhe! Tem pessoas aqui do lado de fora que precisam da sua fortaleza, viva. Prossiga por essas pessoas que Deus colocou em sua vida!

Não permita que a dor te impeça de viver as coisas boas que ainda existem no mundo. Tem pessoas que, mesmo estando num momento maravilhoso, lembram da bola de ferro, e o riso se esvai, porque já sentenciou que não pode mais ser feliz.

Pessoas assim são fáceis de reconhecer em nosso meio. Seu semblante é sério, triste e sempre em busca de apontar as falhas alheias. Flagelar o próximo é uma característica e lhe traz prazer, e não percebem que aquilo que mais criticam nos outros são geralmente feridas mal curadas, não cicatrizadas em seu peito. Pessoas que não liberam o perdão nem para si e se autodestroem.

O poço fica mais fundo à medida que cavamos e, para sair, tornar-se-á mais difícil. Em Mateus 6:22: "A candeia do corpo são os olhos; de sorte que, se teus olhos forem bons, todo o teu corpo terá luz".

Servo de Deus é um povo alegre, confia nas promessas do Senhor e, por mais difíceis que sejam os dias, entende que servirá para seu aperfeiçoamento e torná-lo o mais perfeito vaso; e para nós é a certeza de que dias melhores virão lá na eternidade. As dores da vida aqui já são passadas porque já vivemos a vida eterna. Perdoamos rapidamente porque a ausência do perdão é carregar peso desnecessário, e sabemos que devemos perdoar para que também sejamos perdoados.

Caminhar na presença do Senhor e seguir os seus preceitos dá-nos a confiança de que nada nos faltará, que Deus jamais desampara, e isso nos faz descansar e ter paz. Muitos sofrem de ansiedade porque, diante de algumas situações, coloca nas mãos de Deus o problema, mas toda hora lembra e pega de volta em forma de preocupação. Em Mateus 6: 25, temos o seguinte texto: "Por isso, vos digo: não andeis cuidadosos quanto à vossa vida, pelo que haveis de comer ou pelo que haveis de beber, nem quanto ao vosso corpo, pelo que haveis de vestir [...]". Se você entregou, então descansa e confia que nosso Senhor fará o que for melhor.

Não estou dizendo que a ansiedade é falta de Deus, mas que Ele pode te curar assim como pode curar qualquer outra enfermidade, e que, sendo humanos, às vezes, usamos a nossa razão. Nem tudo poderemos resolver e, nessa angústia, sofremos ansiosos, por não conseguir dar jeito em algo que, para nosso Senhor, basta uma palavra. Ele é o Deus do impossível, que nos surpreende, nos faz crescer por meio das provas. Mesmo que a resposta demore, entenda que esse período é de aperfeiçoamento e, assim que compreender o sentido de cada prova, será mais feliz e confiante.

Viver ansioso com tudo tira-nos aquilo que o Senhor nos oferece com todo o amor. O passado foi experiência para contar, o presente é uma dádiva, e precisamos glorificá-lo por mais um dia ao lado de quem amamos. O futuro a Ele pertence e temos a plena certeza de que, como Deus amoroso, cuidará de todos os nossos dias. O Deus do Ontem, do hoje, do amanhã e de toda a eternidade. Amém!

CAPÍTULO 26
FAZER O BEM SEM ESPERAR NADA EM TROCA

É difícil quando assumimos que precisamos da ajuda de alguém. O mundo está cheio de pessoas que não ajudam, ou, se ajudam, é com interesse em aparentar que é uma pessoa boa, mesmo vendo a nossa angústia e necessidade, mas o desamor é maior do que o ato de auxiliar o próximo. Deparamo-nos muito com o exibicionismo, a caridade que precisa de holofotes e ser divulgada em redes sociais. Puro engano! Nem mesmo sob a justificativa de que o ato é para incentivar outras vidas. No livro de Mateus 6:3, diz: "Mas, quando tu deres esmola, não saiba a tua mão esquerda o que faz a tua direita". Sem contar no constrangimento de quem está ali na posição de necessitado, imaginem só estar tão fragilizado e ainda ser fotografado ou filmado em um momento de imensa vulnerabilidade. É deprimente.

Outro ensinamento que tive que aprender foi justamente receber a rejeição de quem um dia eu tanto cuidei e ajudei. Eu não pratiquei o bem para que fosse reconhecida, nem tampouco visando ao retorno depois. A Palavra de Deus ensina-nos, em Mateus 6: 1: "Guardai–vos de fazer a vossa esmola diante dos homens, para serdes vistos por eles; aliás, não tereis galardão junto de vosso Pai, que está nos céus". Talvez a decepção venha porque onde esperamos que haja amor e compaixão é de onde mais vem a desilusão. Durante a passagem de Jesus na Terra, foi deixado um ensinamento em Lucas 17:11-19:

> E aconteceu que, indo ele a Jerusalém, passou pelo meio de Samaria e da Galileia;
>
> e, entrando numa certa aldeia, saíram-lhe ao encontro dez homens leprosos, os quais pararam de longe.
>
> E levantaram a voz, dizendo: Jesus, Mestre, tem misericórdia de nós!
>
> E ele, vendo-os, disse-lhes: Ide e mostrai-vos aos sacerdotes. E aconteceu que, indo eles, ficaram limpos.
>
> E um deles, vendo que estava são, voltou glorificando a Deus em alta voz.
>
> E caiu aos seus pés, com o rosto em terra, dando-lhe graças; e este era samaritano.
>
> E, respondendo Jesus, disse: Não foram dez os limpos? E onde estão os nove?
>
> Não houve quem voltasse para dar glória a Deus, senão este estrangeiro?
>
> E disse-lhe; Levanta-te e vai; a tua fé te salvou.

Dez leprosos curados, e apenas um voltou para agradecer, e esse ainda era um estrangeiro. Um texto que explica bem essa dimensão da ingratidão. Outro exemplo é a do Bom Samaritano, justamente para nos mostrar que não devemos esperar gratidão por parte daqueles que estão por perto, como nossos filhos, nossos amigos, parentes próximos ou distantes, mas compreender que pessoas sem relação nenhuma com você é que te socorrerão e darão o devido amor, o respeito e a boa vontade.

Distante de minha parentela, eu vi o agir de Deus em minha vida de forma extraordinária. Eu não sabia a quem recorrer porque, quando mudei para esta cidade, eu não conhecia ninguém, além de minha amiga que me acolheu, mas preferi confiar que Deus é quem cuida, zela, não deixa um justo perecer. Em tudo e em todas as minhas necessidades, eu fui suprida. Nada me faltou e eu não precisei mendigar por ajuda. Até mesmo naqueles que eu nem julgava importantes, mas até mesmo em algo tão simplório, Deus provia divinamente bem, não só para mim, como também para pessoas ao meu redor. Deus é extraordinário, move corações. Fala aos seus servos, toca e faz enxergar onde está nossa necessidade, sem ao menos que precisemos falar. Em Salmos 37: 25-28:

> Fui moço e agora sou velho, mas nunca vi desamparado o justo, nem a sua descendência a mendigar o pão.
>
> Compadece-se sempre, e empresta, e a sua descendência é abençoada.
>
> Aparta-te do mal e faze o bem, e terás morada para sempre.
>
> Porque o SENHOR ama o juízo e não desampara os seus santos, eles são preservados para sempre; mas a descendência dos ímpios será desarraigada.

O que pretendo falar mostrando esta passagem é que o servo fiel de Deus não precisa mendigar seu pão, tornar-se um pedinte, mas que o Senhor que está nos céus e que tudo vê envia o socorro necessário. É necessário confiar que Ele fará o melhor por nossas vidas.

Algo que aprendi é que a verdadeira doação é aquela na qual Deus moveu o coração de quem oferta. Não adianta olhar para algumas pessoas e questionar por que elas não ajudam. Pode haver vários propósitos do Senhor por trás da rejeição, pois Ele pode estar querendo nos dar uma experiência.

Não se cansem de fazer o bem, mesmo que por, muitas vezes, estejam se confrontando com a ingratidão, ou a situação pode ser inversa na condição de necessitado; não entristeça, mantenha-se firme na posição de servo, que Deus te socorrerá!

Outro dia fui questionada por uma jovem, que perguntou se eu sempre fui assim, de agir com bondade. E ainda acrescentou que assim as pessoas me maltratariam. Então respondi que sou uma serva de Deus e que viemos para servir, que Jesus Rei dos reis veio ao mundo e lavou os pés de seus apóstolos como amostra de que é um servo pronto para servir. Disse ainda a essa jovem que, mesmo quando me maltratam, eu sou capaz de sentir compaixão e ir ao socorro para ajudar mesmo a quem tanto me feriu, somos exemplos de amor neste mundo.

Àqueles que nos açoitam, oramos e perdoamos e faríamos a mesma boa ação que fizemos antes, porque não é o que está no outro que vai definir meu caráter, meu cristianismo e minha espiritualidade, mas o que está dentro de mim. Isso é dar a outra face.

Somos espelhos de Jesus e, para isso, é necessário agir como Ele, sermos luz em meio às trevas, sermos diferentes dos outros nesse mundo perverso. Fomos chamados para servir, e não sermos servidos, mas, ao praticarmos de forma tão voluntária e solidária, nesse mesmo momento, o Senhor que sonda e conhece os corações suprirá naquilo que necessitarmos. Ele percebe a nobreza de coração, humildade e doação sem interesse. Quando dependemos dos outros, Deus está ensinando que precisamos ser humildes. Quando recebemos a rejeição, entendemos que nem todo coração foi comovido e não foi tocado pelo Senhor.

Haverá outras situações em que quem te ajudou uma vez não estará mais disponível numa outra eventual necessidade. Mas surgirão outros tão maravilhosos quanto. Tudo faz parte do processo e é aprendizado. Compreendemos que jamais estaremos desamparados porque, mesmo em terras estranhas, existirão corações movidos de amor e compaixão e, nessa hora, saberemos que foi Deus usando seus anjos aqui na Terra. Louvado e engrandecido Seja o Senhor.

CAPÍTULO 27
AOS QUE MORREREM EM CRISTO JESUS

Talvez não estejamos mesmo preparados para lidar com a morte. Sabemos que o mundo não é nosso lugar e que nada aqui nos pertence. O reino de Cristo não é desse mundo e, sendo servos Dele, também não somos daqui. Estamos de passagem e sabendo disso, a morte precisa fazer parte de nossos dias, do cotidiano, e é o fim de um ciclo; se está vivo, chegará o dia de sua morte. A única certeza que temos é que morreremos um dia. Em Salmos 39:4-6, temos:

> Faze-me conhecer, SENHOR, o meu fim, e a medida dos meus dias qual é, para que eu sinta quanto sou frágil.
>
> Eis que fizeste os meus dias como a palmos; o tempo da minha vida é como nada diante de ti; na verdade, todo homem, por mais firme que esteja, é totalmente vaidade.
>
> Na verdade, todo homem anda como uma sombra; na verdade, em vão se inquietam; amontoam riquezas e não sabem quem as levará.

Mas como lidar com essa dor? A mente é altamente capaz de nos fazer suportar a dor da perda, de nos manter firmes, mesmo sentindo o coração estilhaçar. Ao passar dos dias, dói um pouco menos, e cada um vai seguindo sua vida. Jamais nos esqueceremos um ente querido, mas a vida precisa prosseguir.

Cada um trata de uma forma o seu luto, uns se recuperam dentro de poucos dias, outros levam mais tempo, arrastando-se por meses; não podemos medir, porque varia de pessoa para pessoa e não podemos julgar a dor alheia, porém há um limite tolerável, estabelecido por profissionais da área. A partir desse período e do comportamento apresentado pelos pacientes, eles estabelecem se há um possível quadro de ansiedade, depressão, insônia, crises asmáticas e, até mesmo, a crise do pânico. Muitos são os possíveis desencadeamentos de um luto mal curado, que pode arrastar-se por anos. A verdade é que, mesmo tentando nos desapegar, ainda assim sofremos.

Importante lembrar que, após perdermos alguém, primeiro vem o desespero ao recebermos a notícia, depois sentimos um alento durante o velório, mesmo sabendo que a pessoa faleceu, mas é como se a pessoa ainda estivesse entre nós, mesmo dentro de um caixão, está ali de alguma forma. Depois vem a pior hora, a hora do enterro, a saída do velório e com destino ao cemitério. É o pior momento, saber que a pessoa nunca mais estará entre nós, não poder ouvir a risada, a voz, sentir o cheiro, o abraço...

A partir dali, os dias que se seguem são terríveis, até o sétimo dia, principalmente no sétimo dia, é o pior de todos, pois revivemos o dia da morte, passo a passo, e isso dói demais. A dor é tão intensa que queremos ao menos poder ver ou sentir de novo a pessoa que partiu. Nessas horas, surgem pessoas equivocadas para nos dar conselhos perversos de que ainda poderemos ver ou falar com a pessoa que faleceu, é preciso conhecer o que o Senhor nos deixou como ensinamento, a Palavra de Deus repreende tais atos veementemente, em Deuteronômio 18: 10-12:

> Entre ti se não achará quem faça passar pelo fogo o seu filho ou a sua filha, nem adivinhador, nem prognosticador, nem agoureiro, nem feiticeiro, nem encantador de encantamentos, nem quem consulte um espírito adivinhante, nem mágico, nem quem consulte os mortos, pois todo aquele que faz tal coisa é abominação ao SENHOR; e por estas abominações o SENHOR, teu Deus, as lança fora de diante de ti.

Já tive a oportunidade de conversar com pessoas que foram atrás de tais recursos e afirmaram que a pessoa adivinhou tudo mesmo, sem nunca ter visto antes. A pessoa lá acertou, então busquei entendimento ao Senhor, e a resposta foi bem simples: essas pessoas são instrumentos do adversário, e ele, por sua vez, está ao nosso redor rugindo como o leão: "Sede sóbrios, vigiai, porque o diabo, vosso adversário, anda ao derredor, bramando como leão, buscando a quem possa tragar" (1 Pedro 5:8). Estar ao derredor é estar por perto olhando tudo o que se passa em nossas vidas, ele ouve o que falamos e vê nossas atitudes, só não pode penetrar nossos pensamentos, mas somos humanos e temos a infeliz mania de tudo falarmos em voz alta. É por isso que o adivinho lá acaba por saber de tua vida e até incorpora um espírito para se passar pelo ente querido que partiu. Não se iludam, é armadilha do vil tentador, quem morreu não volta jamais, só no dia da volta de Jesus, aí sim os mortos, que até então dormem, ressuscitarão.

Acaso não há alguém que conheça e/ou tenha passado por esses momentos na vida? Abordar esse tema e falar do ponto de vista espiritual desse processo tem o intuito de levar esclarecimentos porque nos fizeram crer que a morte é algo tremendamente terrível. Em 1 Tessalonicenses 4:13-14, temos:

> Não, quero, porém, irmãos, que sejais ignorantes acerca dos que já dormem, para que não vos entristeçais, como os demais, que não têm esperança.
>
> Porque, se cremos que Jesus morreu e ressuscitou, assim também aos que em Jesus dormem Deus os tornará a trazer com ele.

Nesse versículo, a Bíblia relata que os mortos dormem. Refere-se à matéria que é o nosso corpo. O livro de Eclesiastes 12:7 faz uma referência clara sobre esse momento, dizendo: "[...] e o pó volte à terra, como o era, e o espírito volte a Deus, que o deu". Os mortos (matéria) não possuem lembranças, ora, o cérebro morre e se decompõe, e não há mesmo mais nada.

> Porque os vivos sabem que hão de morrer, mas os mortos não sabem coisa nenhuma, nem tampouco eles têm jamais recompensa, mas a sua memória ficou entregue ao esquecimento.
>
> Até o seu amor, o seu ódio e a sua inveja já pereceram e já não têm parte alguma do que se faz debaixo do sol.

Uma clara indicação que o período aqui na Terra acabou e que nada mais se pode fazer. Porém o espírito volta a Deus, que possui lembranças, como podemos conferir no seguinte versículo, em Apocalipse 6: 9-11:

> E, havendo aberto o quinto selo, vi debaixo do altar as almas dos que foram mortos por amor da palavra de Deus e por amor do testemunho que deram.
>
> E clamavam com grande voz, dizendo: Até quando, ó verdadeiro e santo Dominador, não julgas e vingas o nosso sangue dos que habitam sobre a terra?

A Palavra ainda relata que iremos reconheceremos nossos entes queridos na eternidade, "Mas eu vos digo que muitos virão do Oriente e do Ocidente e assentar-se-ão à mesa com Abraão, e Isaque, e Jacó, no reino dos céus" (Mateus 8:11). Se reconhecê-los-emos, também reconheceremos aqueles que partiram antes de nós.

Mas o que dizer do versículo que relata que os mortos ressuscitarão? Nesse caso, o espírito não voltará para Deus? "Porque, se cremos que Jesus morreu e ressuscitou, assim também aos que em Jesus dormem Deus os tornará a trazer com ele" (1 Tessalonicenses 4:14). O espírito voltará para Deus, porém é do querer do Senhor que os ressuscitem com seus corpos incorruptíveis, assim como Jesus. É querer Dele que, no grande dia de sua volta, ele retire também os corpos de seus santos daqui, não o corpo que adoece, que sente dor, mas o corpo glorificado para habitar para sempre na eternidade com Ele. O livro 1 Coríntios 15:52-53 descreve bem essa passagem:

> Num momento, num abrir e fechar de olhos, ante a última trombeta; porque a trombeta soará, e os mortos ressuscitarão incorruptíveis, e nós seremos transformados.
>
> Porque convém que isto que é corruptível se revista da incorruptibilidade e que isto que é mortal se revista da imortalidade.

A morte não é o fim para aqueles que morrem em Cristo, "Porque para mim o viver é Cristo, e o morrer é ganho" (Filipenses 1:21). Perto de fechar os olhos para sempre, muitos servos relatam ver anjos no quarto, luzes brancas, a voz suave a chamar; muitos servos morrem glorificando a Deus, louvando. Eu já tive uma experiência de quase morte, vi uma forte luz, e foi uma imensa paz que senti antes de desmaiar. O Senhor vem recolher aquele que é Dele, e é algo maravilhoso para quem parte, voltar para a eternidade, estar com o Senhor, a cidade eternal, sem choro, sem dor e sem pranto. Como cristãos, ansiamos pela volta do Senhor a buscar a Igreja, mas se ainda não vem, que venha para o arrebatamento individual sendo levado antes por Jesus.

Para os que morrem distante da presença de Cristo, é algo tenebroso. Eu já presenciei uma morte assim, um homem que havia feito vários assassinatos e, em confronto com a polícia, foi alvejado com um tiro. Eu lembro que estava estagiando no curso de Enfermagem, e ele gritava por "Sonin"; repetidamente gritava por essa medicação para ser sedado e dormir, que mesmo a tomando não fazia efeito, e ele continuava a gritar enquanto dava altos pulos da cama, até que arrancou todos os cateteres e a bolsa de colostomia, espalhando fezes por todo o quarto. Ao chegar ao óbito, a sua expressão facial era de quem estava sentindo muita angústia e sofrimento. Definitivamente, não foi uma morte tranquila;

nem mesmo com várias doses de sedativos foi capaz de deixar de sentir a angústia que é morrer longe do Senhor Jesus, para quem morre nessas condições, destinado ao sofrimento eterno.

Deus tem o tempo determinado para todas as coisas. Para a vida e para a morte. Ele criou o universo, tudo Ele fez e, apesar do mal ter invadido o mundo, ainda pertencem a Ele todas as coisas, inclusive o poder sobre a vida e sobre a morte. "O SENHOR é o que tira a vida e a dá; faz descer à sepultura e faz tornar a subir dela" (1 Samuel 2:6). Ele é o Princípio e o Fim, e nada foge ao seu controle. Cabe apenas aceitarmos os Seus desígnios que são bons e perfeitos, mesmo que a morte nos traga a dor, mas nos apeguemos à sua vontade, ao seu querer sobre todas as coisas. Está tudo debaixo de Sua vontade e, se há um projeto, porque há, tudo já está previsto em nossas vidas. Desde o ventre de nossas mães, escolheu-nos; antes que o nosso corpo tomasse forma, Ele nos escolheu, chamava pelo nosso nome, escrito nosso nome no livro da vida e determinado a quantidade de nossos dias aqui na Terra. "Os teus olhos viram o meu corpo ainda informe; e no teu livro todas estas coisas foram escritas, as quais iam sendo dia a dia formadas, quando nem ainda uma delas havia" (Salmos 139:16). Talvez precisemos compreender que não é um dia a mais que se vive, e sim um dia a menos; que a contagem não é progressiva, e sim regressiva; e, principalmente, ninguém tem o poder de alterar o projeto que Deus determinou para cada um e que nada vai fugir ao seu controle. Uma folha da árvore só cai com a Sua permissão; imagine a quantidade de folhas! Quanto mais a vida de servo amado. "Porque para todo propósito há tempo e modo; porquanto o mal do homem é grande sobre ele. Porque não sabe o que há de suceder, quem lhe dará a entender?" (Eclesiastes 7:6-7). Jesus voltará para derrotar o último inimigo. "Ora, o último inimigo que há de ser aniquilado é a morte" (1 Coríntios 15:26).

Se a morte chegar antes do dia da volta do Senhor, entendemos que estamos voltando para casa, que aquilo de pior que a morte pode nos causar, enquanto viventes, é nos mandar de volta para casa, para a eternidade. Vivemos aqui com saudades de casa, nossa alma anseia esse retorno, sair deste mundo onde há dor e pranto. Apenas seguiremos na certeza da dependência Nele, a obediência para aceitarmos o Seu desígnio, mesmo que com a nossa visão rasa, não enxerguemos, por isso, confiaremos sem ver. Pisaremos mesmo sabendo que talvez possa não haver o chão, mas firmaremos os passos na certeza de que sua boa mão nos sustentará. Crer somente e descansar.

CAPÍTULO 28

O AMOR PELOS ANIMAIS E POR TUDO QUE DEUS CRIOU

Em seis dias, Deus criou os céus e a Terra, por suas mãos, tudo criado para o bem-estar dos homens, que foi moldado à sua imagem e semelhança. A correria do dia a dia leva-nos a deixar de percebermos a grandiosidade de sua Obra. Poucos são os que admiram uma flor que abriu no jardim, o canto de um pássaro, as árvores e, até mesmo, um pôr do sol, que os que ainda param e o contemplam ficam maravilhados com a arte do maior pintor do mundo; cores e formas se misturam aos restinhos de raios solares dando coloridos inimagináveis.

Os animais fazem parte dessa grande criação, tudo feito para funcionar em perfeita harmonia. A Bíblia faz diversos relatos sobre os animais, e um deles foi a presença deles na Arca de Noé. Eram apenas eles e a família de Noé. Um casal de cada espécie para que dessem continuidade na sua herança hereditária. Deus conhece cada espécie criada por ele. "Dos animais limpos, e dos animais que não são limpos, e das aves, e de todo o réptil sobre a terra, entraram de dois para Noé na arca, macho e fêmea, como Deus ordenara a Noé" (Gênesis 7:8-9).

Alguns deles são animais selvagens, e existem aqueles que criamos em nossos lares, chamados de *pets*, e que muitos insistem em incluí-los como membros da família, sentando-se à mesa, dormindo na cama, e há ainda os que dividem a mesma comida, trocando saliva. Que perigo!

Imaginam que são limpinhos por viverem dentro de casa, porém os *pets*, como instinto natural, costumam lamber-se, inclusive suas partes genitais. A boca tem inúmeras bactérias naturais dali, mas imagine misturando com secreções da genitália de seu animal! Já vi doenças sérias na boca de quem praticava tal ato. Mas o que quero frisar é o quanto gostamos da presença deles em nossas casas. São carinhosos, fiéis e têm o instinto de proteção, em não deixar que fiquemos em perigo e doam suas vidas, se preciso for, para nos manter seguros.

São puros, livres de sentimentos perversos e traidores como os humanos. São seres extremamente sensíveis. Vários estudos comprovam que são capazes de sentir o medo, detectar nossas emoções e sentir nosso sofrimento.

Uma época em que eu passava por um momento muito triste de minha vida, quando enfrentava meu divórcio e vários outros problemas, eu chorava muito, estava depressiva e com pensamentos de tentar contra minha vida. Enquanto chorava, meu cachorrinho Gigante e meu gato Lorin ficavam inquietos, passando por baixo da rede até que os dois pulavam para ficar em cima de mim, um de cada lado de meus braços.

Faziam de tudo para chamar a atenção, para que eu parasse, e era como se dissessem assim: "Hey, para de chorar, estou aqui!". Um amor verdadeiro, incondicional e sem interesses.

Estudos também comprovam que, na cabecinha deles, os donos são como seus pais; o que eles sentem quando nos olham é como se estivessem vendo seus pais biológicos. Portanto, eu afirmo que eles são nossos filhos de patas e possuem muito mais em comum conosco do que podemos imaginar.

Refiro-me aos mamíferos assim como nós, sei que cada espécie possui suas habilidades, mas os mamíferos são muito mais interligados, a ponto de seu organismo possuir os mesmos órgãos funcionais do corpo humano. E por que não a mente? Não desenvolvida como a nossa para terem habilidades para falar, mas as emoções e seus outros sentidos muito mais aguçados que o nosso.

Perdi recentemente o Gigante; está doendo tanto tê-lo perdido. Como não chorar por um ser que me amava tanto? Que cuidava bem de mim e sofria e sentia junto comigo meu sofrimento sem interesse, apenas amar sem medir.

Separei dele em 2018 e tive que mudar de cidade, mas nos reencontramos em 2020. Creio que ele veio só para se despedir de mim, poder abraçá-lo pela última vez. Fiz tudo que eu podia para tentar salvá-lo, mesmo com dificuldades financeiras. Não recebi caridade de veterinário nenhum, pois nessas horas não há humanidade e muito menos sentimento de solidariedade. Não pude seguir com ele internado por ser caro demais, e passar um final de semana sairia mais caro ainda, mas a médica, em momento algum, visou a salvar a vida dele, e sim o dinheiro. Nessa área, não visam à vida do animal, eu teria aceitado limpar a clínica como forma de pagamento tamanho é o amor que sentia por ele e continuo sentindo. Queria poder solucionar todas as mazelas do mundo, queria poder ajudar, mas, infelizmente, dentro de minhas poucas condições, não posso.

A médica receitou muitos remédios, e, como fiz curso de Enfermagem, tentei seguir o tratamento em casa. A medicação custou muito caro, incluindo a ração, o valor ultrapassou um salário mínimo e meio, que jamais poderia bancar sem a ajuda do pai de minhas filhas, que também era responsável por ele, pois, quando o adotei, estávamos casados ainda.

Estou a escrever este texto porque é uma forma de aliviar a dor que estou sentindo, sentimento de impotência, de culpa. Foi necessário fazermos a eutanásia para poupar o sofrimento que sentia. Seus rins haviam parado, e ficou mais de 24 horas sem urinar, dava gritos de dor, até que convulsionou, e parte de seu cérebro não voltou mais a funcionar. Segundo a médica, ele estava em convulsão há 12 horas, ou seja, não parou, seus olhos ficaram vidrados e não piscava nem mesmo quando colocávamos o dedo, suas pernas ficaram esticadas, e as patas enroladas, não atendia mais quando o chamávamos. Seu corpinho tremia e dava espasmos um atrás do outro. Não havia mais jeito.

Eu não voltei à clínica em que não haviam me tratado bem; procurei outra, mas era tarde demais. A outra médica foi muito carinhosa e atenciosa. Mas era tarde demais para um socorro. Ela explicou minuciosamente a situação e não aconselhou a eutanásia, porém disse que a chance de ele reagir seria mínima, e que parcialmente ele já estava morto.

Quando decidimos, eu e minha filha, que o melhor seria poupá-lo do sofrimento, a médica perguntou se tínhamos outro *pet*. Afirmei que sim, eu tinha a cachorrinha que resgatei das ruas e que havia sido atropelada, então a médica disse que ela sentiria e que eu conversasse explicando que o Gigante havia morrido. Disse que são animais altamente sensíveis e que ela sentiria muita falta; de fato, a Grifuvina, apelido carinhoso que dei a ela, ficava o tempo todo triste, não queria comer, me olhava, e em seus olhos eu via profunda tristeza. Na primeira noite, ela não aquietava, gemia e não queria dormir; tive que levá-la para o quarto para ficar junto ao lado de minha cama. Essa cachorrinha eu resgatei da rua, e ela já tinha câncer nas mamas, idade avançada; eis que ela também precisou partir, e, para aliviar a dor, eu optei pela eutanásia.

Até hoje sofro, não me envergonho de dizer que fiquei de luto igualzinho quando perdi meu pai e que até hoje choro e sofro ao me lembrar dos meus filhos de patas. Se eu chorei e sofri por pessoas que me traíram, me apunhalaram pelas costas, por que não posso sofrer por um ser que a única vez que me fez sofrer foi quando precisou partir dessa vida?

A minha dor maior era sentir culpa, por ter feito eutanásia; eu sei que Deus é o Senhor da vida e da morte, e que tudo e todos pertencem a Ele. Determina tudo debaixo dos céus e que, enquanto estivermos aqui, ou seja, enquanto Jesus não voltar e buscar a Igreja, os olhos de Deus estarão voltados para a Terra e sobre o cuidado mais próximo do Espírito Santo.

Então, sofri demais pedindo perdão a Deus e não sosseguei até que O Senhor falasse comigo. E Ele falou: "Minha Serva, Eu Sou o Senhor da vida e da morte, o mundo e tudo que há nele me pertence, apesar do mal estar infiltrado na minha criação. A minha ira não está sobre você, pelo que tiveste que fazer, porque teu ato foi por misericórdia". Então entendi que estava perdoada porque eu agi com amor até em optar pela eutanásia e quis poupar o sofrimento e que isso me causou muita dor, diferentemente de quem maltrata animais e age por perversidade.

Muitos vieram me consolar e afirmaram que ele está num bom lugar, outros chegaram a dizer que ele reencarnaria e voltaria para mim. Eu não quis redarguir, não confrontei os pensamentos e as ideologias das pessoas acerca desse assunto, apenas agradeci pelas condolências, porém eu, um dia, firmei meus pés na Presença de Cristo e, a partir de então, uso o Evangelho por Ele deixado, como livro norteador de minha vida e fui atrás de conhecimento na Palavra.

A Bíblia não afirma que exista um plano de salvação para os animais ou que eles morrem e vão para eternidade. O livro de Gêneses 1:30 diz: *"E a todo animal da terra, e a toda ave dos céus, e a todo réptil da terra, em que há alma vivente, toda a erva verde lhes será para mantimento. E assim foi".* O termo alma vivente se refere a ser vivo, tudo que respira possui o fôlego de vida e que, assim como o homem, retornará ao pó ao morrer, que toda a criação está interligada, tudo criado para a sobrevivência e o bem-estar do homem durante sua passagem pela Terra.

Com esse versículo, entendemos que os animais, e todo o verde, foram criados para sustento do homem, dando-nos a clara explicação que devemos alimentar-nos deles. Outros seres, para fazer companhia, e ainda outros, como equilíbrio ecológico. Vemos isso quando estudamos a cadeia alimentar das espécies e tudo em perfeita harmonia. Quando vemos no noticiário que há infestação de pragas em determinado lugar, podemos afirmar que o seu principal predador está extinto, e muitas vezes a culpa é do próprio homem que destrói por ganância e causa desequilíbrio na fauna e na flora. Em outras palavras, por ganância, o homem destrói sua própria casa, e quando vê a resposta em forma de fenômeno da natureza, ainda culpa a Deus pelas tragédias oriundas de suas próprias perversidades.

Existe um relacionamento muito estreito do homem e a criação de Deus, porém só o homem foi criado à imagem e semelhança e, portanto, o único que possui o Espírito de Deus, que retorna para a eternidade quando morremos. Os animais foram criados para esta vida, não há relatos na Palavra de Deus que fale que os animais morrem e que seus espíritos vão para o céu. Eles possuem o fôlego de vida por serem almas viventes, porém não possuem o Espírito de Deus para retornar para o Senhor. São seres extremamente sensíveis a emoções, compreendem e percebem quando estamos tristes, felizes, zangados, bem como têm a capacidade de detectar pessoas e espíritos ruins quando se aproximam. Devido a essa sensibilidade, também podem incorporar espíritos. Na Bíblia, temos um trecho, em Números 22:28, que relata: "Então, o SENHOR abriu a boca da jumenta, a qual disse a Balaão: Que te fiz eu? Que me espancaste estas três vezes?".

A noite em que o meu cachorrinho adoeceu, foi justamente porque um espírito maligno invadiu meu quarto, eu o vi, e meu cachorrinho, que estava deitado, logo se pôs em posição de guarda. O espírito ficava indo rápido de um lado para o outro, e meu *pet* acompanhava com a cabeça os movimentos. Veio para me tocar, mas recaiu sobre meu filhinho de patas. O Senhor mandou entoar um louvor e esse foi expulso do quarto, porém meu bichinho caiu enfermo e não resistiu.

Eu amo os animais, a floresta e tudo que foi criado pelo Senhor e tenho o maior amor e cuidado, pois sei que se existe é porque há uma razão para existir. Tudo que Deus criou é perfeito, e o que precisamos é ter mais consciência, respeito e gratidão por tudo o que nos cerca.

CAPÍTULO 29
A FRIEZA ESPIRITUAL EM DECORRÊNCIA DA PANDEMIA

A pandemia foi um fato histórico que ocorreu no mundo todo. Período de grande dor e angústia para muitos que perderam seus entes queridos e não puderam sequer se despedir, abraçar, dar um último adeus. O mundo esteve de joelhos diante de um vírus.

No primeiro semestre do ano de 2020 um vírus chamado de covid-19 parou todo o planeta. Não sabíamos quanto tempo ficaríamos isolados em nossas casas. A situação piorou em meados de 2021, vitimando várias vidas. Fábricas fecharam, assim como lojas, escolas, Igrejas, e a orientação do governo é a de que ficássemos em nossos lares. Proibidos de sair, muitas empresas demitiram em massa seus funcionários, soltaram os presidiários e prenderam cidadãos de bem em casa sob ameaça de serem presos, se fossem pegos nas ruas.

Policiais bloquearam as ruas, impedindo o fluxo, e, pior, em alguns casos, partiam para a violência contra a população que resistia e furava o bloqueio. De repente, nosso direito de ir e vir foi retirado, e viramos criminosos pela necessidade de sair de casa. A mídia aproveitava do seu poder de persuasão e causava alarde e pânico na sociedade, piorando aquilo que já não estava bom. Ficamos todos temerosos, alguns ficaram tão assombrados que davam entrada no pronto socorro com crise de pânico, depressão e ansiedade.

Nossos idosos se tornaram alvos severos de prisão domiciliar, sob a alegação de que querem preservar a vida deles, por estarem na linha de risco, propensos a serem vítimas fatais e difícil é o idoso que já não tenha alguma enfermidade pré-existente. *"Porquanto se levantará nação contra nação, e reino contra reino, e haverá fomes, e pestes, e terremotos, em vários lugares. Mas todas essas coisas são o Princípio de dores"* (Mateus 24: 7-8).

A humanidade precisou reinventar-se, preservar seus empregos. Fazer todo atendimento virtual em seus lares, chamados de *home office*, e tudo indica que essa nova modalidade vai continuar mesmo passado o período da pandemia. É lucro para os empresários que economizarão com os altos aluguéis de imóveis e todos os gastos que o envolvem para mantê-los ativos funcionando. Na área da educação não foi diferente. O ensino a distância ganhou grande visibilidade no meio educacional tanto que agora mais e mais cursos EaD tem surgido, eu não duvido da qualidade desse ensino, porém nada substitui um professor em sala de aula. O contato visual, a emoção de uma abraço e aperto de mão, nada substitui, às vezes um professor é o parente mais próximo de um aluno até mesmo para questões que vão além do conteúdo disciplinar em si.

Com o trabalho sendo executado de casa, o funcionário passou a gastar a energia e internet de sua casa sem receber nada além do que já recebia, muitos também não receberam mais o vale transporte. Eu, como professora, para dar aulas on-line, precisei providenciar computador, internet e gastar a energia de minha casa. Sem contar que, nesse novo modelo de lecionar, não tínhamos mais folgas, porque atendíamos os pais e alunos qualquer dia e qualquer hora; já atendi pai de aluno na madrugada. Não estou reclamando, bendito seja Deus que meu emprego foi preservado mediante tamanha crise que assolava a Terra, apenas relatando o cenário pandêmico que vivenciamos.

Após um grande embate de políticas públicas, inclusive interesse internacional, as vacinas enfim saíram. Não se sabe, até os dias de hoje, a real eficácia dela, e pior, quais os efeitos colaterais que, aliás, são motivo para grandes questionamentos. A polêmica gira em torno daqueles que duvidam das vacinas e se negam a tomá-la e vem a grande questão. Querem a todo custo, que esses cidadãos, sejam obrigados a se vacinar fechando todas as oportunidades, por exemplo, o direito de viajar, de cursar uma faculdade entre outros. Qual interesse há por trás de tudo isso? Afinal, qual risco um não vacinado pode oferecer a quem está imunizado? Então, a vacina não é eficaz? Mais de 70% da população brasileira já foi vacinada isso significa que o vírus foi controlado.

A nossa esperança está em Jesus, só Ele é quem pode nos proteger; Ele nos prometeu que voltaria para a eternidade e não nos deixaria órfãos. Em João 14: 16-18, diz:

> E eu rogarei ao Pai, e ele vos dará outro Consolador, para que fique convosco para sempre, o Espírito da verdade, que o mundo não pode receber, porque não o vê, nem o conhece; mas vós o conheceis, porque habita convosco e estará em vós.
>
> Não vos deixarei órfãos; voltarei para vós.

O pior lado da quarentena foi o desgaste espiritual, físico, financeiro e emocional. A incerteza do amanhã, que sabemos que pertence a Deus, mas não foi fácil permanecer fiel. Muitos jovens e famílias inteiras deixaram suas denominações, perdidos, desconsolados e muitos decepcionados olhando para o homem e caindo. Perdidos pelo caminho, muito difícil até para quem já teve muitas experiências com o Senhor.

Nesse período, orei ao Senhor, e a resposta veio: "Aquietai-vos minha serva, acalme seu coração, o momento agora é de posicionamento e definição, quem não está firme irá cair". Então, mesmo com toda dificuldade, precisamos nos reinventar. Assim como na vida profissional, na caminhada espiritual também aprendemos a nos reinventar. Assistir a cultos on-line, usar a tecnologia que no começo foi complicado, devido à instabilidade da internet, ficava caindo, principalmente, na hora da Palavra. Eu chorava e clamava tanto que o vídeo voltava a carregar. Via que era operação do Senhor devido à minha necessidade.

Eu sinto que este período veio para nos ensinar que o céu se abre dentro de nosso quarto quando nos curvamos para orar. Que a intimidade com Deus é particular e que podemos adorá-lo além das paredes da Igreja, que por acaso é importante também a Igreja como um corpo reunida, mas que essa reunião também poderia ser virtual por meio de plataformas. Continuávamos reunidos sim, um povo orando, milhares e milhares de servos levantando clamores e súplicas a Deus ao mesmo tempo. Por outro lado, muitos estavam fragilizados, sensíveis e tristes. Frios espiritualmente e emocionalmente abalados, sendo provados por todos os lados e sentiam-se sozinhos. E, no final, quem subsistiria? Açoitados, humilhados e angustiados. Provação por todos os lados e ainda mais o suspiro da morte soprando aos ouvidos a todo momento a notícia de que mais alguém conhecido havia sido vítima do vírus.

A todo tempo, abrimos a boca e falamos do Senhor, recitamos os versículos como uma cartilha de ABC decorada de ponta a ponta, mas muitos da boca para fora. *"Este povo honra-me com os seus lábios, mas o seu coração está longe de mim."(Mateus* 15:8). Ninguém imaginava passar por esse imenso deserto e permanecer firmes na promessa. Eu contraí o vírus e foram dias difíceis, os sintomas se arrastaram por meses e, até hoje, ainda tenho sequelas. Eu só espero ter muitas experiências para contar e, se meu fim for contrair este vírus novamente para morrer, dos meus lábios sairá o louvor perfeito ao Senhor até o meu último suspiro. Não estamos neste lugar para lutar pela vida, e sim para merecermos a eternidade.

CAPÍTULO 30
DEPRESSÃO, O MAL DO SÉCULO!

Estamos vivendo um momento de trevas, no qual as pessoas correm perdidas de um lado para o outro e não conseguem encontrar ânimo para suas forças. Para onde nós iremos? Não está fácil suportar as dores dessa vida. Como não doer em nós ao vermos a dor alheia? E as nossas dores? Aquele que desconhece o Senhor Jesus busca sua cura em remédios, terapias, acompanhamentos, e muitos se tornam dependentes de tais tratamentos porque só sentem aliviar quando estão diante desses subterfúgios. Eu acredito que muitos conseguem curar-se, a ciência foi criada para socorrer as mazelas do mundo. Em outros casos, vai além da enfermidade física, envolve o plano espiritual, um campo que também precisa ser tratado, e, de preferência, iniciar a cura por meio do Senhor. Se Deus pode curar aleijados, cegos, câncer, então cremos que o Senhor também pode curar a depressão.

Sabemos que, como servos, podemos correr para os braços do pai, sentimos seu consolo, mas é inevitável não chorar em momentos de dores insuportáveis. Tem dias que estou muito feliz, brinco com minhas filhas, canto, danço... Mas tem dias que não tem jeito, eu só choro e choro muito. Eu sempre repito que os fortes também tem dias ruins, e nesse momento eu fecho para balanço. "Tem misericórdia de mim, SENHOR, porque sou fraco; sara-me, SENHOR, porque os meus ossos estão perturbados" (Salmos 6:2). Quem convive comigo sabe que tenho esses dias de ficar sozinha em meu quarto. Mesmo preferindo a solidão, de alguma forma, estou ali quietinha buscando o Senhor, ouvindo louvores, lendo a Palavra e, principalmente, é o momento de eu estar mais próxima de Deus por meio de Jejum e oração na madrugada; mesmo chorando eu sei que Ele é a minha cura, minha medicação diária que traz o alento que preciso para prosseguir.

Apresentar fraquezas em algum momento não significa que deixei de confiar em Deus e em suas promessas, mas, em algum momento, é difícil demais. Colocar um riso falso nos lábios quando se quer mesmo é chegar logo em casa para poder chorar. Disfarçar que está doendo dentro do peito porque poucos estão preocupados com o que sentimos e, ao chegar em casa, tiramos todas as máscaras e capas que usamos para esconder a dor nos lugares que precisamos estar quando saímos de casa. Diante do Senhor, não adianta esconder, pois Ele conhece o profundo e o escondido, esquadrinha o âmago de nossas almas e faz sair tudo que fazemos questão de esconder. Eu costumo lembrar de Davi, que chorava e chorava e fazia os mais lindos Salmos que hoje confortam nossos corações. "Já estou cansado do meu gemido; toda noite faço inundar o meu leito com as minhas lágrimas" (Salmos 6:6).

São tantas agruras que algumas pessoas se acham incapazes de suportar e prolongam o sofrimento além do esperado, não veem solução para suas aflições e desenvolvem a depressão. O desejo é de morte, não encontram outra saída. Pensar em morrer torna-se uma medida aceitável. O intuito é acabar com a dor.

Meu carinho e consolo vai para as famílias que perderam seus entes queridos de forma tão abrupta e tão inesperada. Talvez a pessoa que acabou com sua própria vida não tenha sentimento de egoísmo como muitos pensam, ou falta de Deus, pensamento errôneo. Precisamos compreender que a depressão é uma doença, que e se torna ainda mais perigosa porque vai passando despercebida pelos demais familiares, que, quando se dão conta, o pior já está acontecendo.

Pessoas depressivas só querem livrar-se da dor, a dor que sentem, que os consome e que dói na carne como ferida aberta. A dor é tamanha que algumas pessoas se cortam, abrem feridas em seus corpos, porque o cérebro está condicionado a pensar que se tem dor é porque há ferida, então os cortes são para justificar o motivo da dor que estão sentindo e encontram nos cortes e na morte uma saída. Não estou dizendo que isso é normal acontecer, mas que são sinais e que as pessoas próximas devem estar atentas para que algo possa ser feito. Eu não me cortava, mas beliscava minhas pernas; fazendo isso era como se meu cérebro então entendesse que está doendo porque beliscou. É querer externar a dor que se encontra presa dentro do peito.

Muitos pacientes dessa enfermidade até estão frequentando alguma Igreja, mas existem tantas acusações e são tantas acusações que chegam ao ponto de dizer que depressão é falta de Deus. Portanto, esse assunto se torna um tabu dentro de algumas religiões. Então, esses sofrem calados e cada vez mais aumenta o número de cristãos que se suicidam.

Comecem a ver a depressão como uma doença muito mais perigosa que o câncer, porque seus efeitos e sintomas são sorrateiros, e ela pode inclusive ser hereditária. Deixem de egoísmo e parem de julgar aquilo de que não possuem conhecimento. Saibam que, com a mesma mão que acusam, em algum momento, serão acusados. "Não julgueis, para que não sejais julgados, porque com o juízo com que julgardes sereis julgados, e com a medida com que tiverdes medido vos hão de medir a vós" (Mateus 7:1-2).

Há muitas falácias de que pessoas suicidas não alcançam a salvação. Quem somos nós para sabermos? Apenas dizer que eu imagino que, no dia do juízo, toda a vida da pessoa será avaliada, não imagino que seja automaticamente condenada por um único ato. "O Senhor é o que tira a vida e a dá; faz descer à sepultura e faz tornar a subir dela" (1 Samuel 2:6).

Tirar a própria vida é pecado e, com toda certeza, entristece ao Senhor, assim como todo pecado cometido por nós, porém temos a certeza de que Deus é amor e misericórdia e que a pessoa não poderá ser diretamente condenada deixando de lado toda a vida vivida antes, às vezes, uma vida de amor, caridade, compaixão e amor ao próximo. Ele é quem tem nossos dias contados, tudo pertence a Deus de modo que tudo só acontece conforme a sua permissão, uma folha só cai da árvore se Deus permitir, e deixar claro que se trata de uma doença perigosa. Ao contrário do que dizem, a depressão não é preguiça, não é frescura. Quebrem esse tabu e passem a ver as situações com sabedoria e com palavras que venham a somar, ajudar quem tanto precisa de seu apoio. Se não pode oferecer algo que acrescente, então se cale! Não piorem o que já está ruim. Encarem essa doença e dê a devida atenção que ela requer.

Perde ou não perde a salvação? Não sabemos, mas creio que toda a vida da pessoa, todos os seus atos serão julgados diante do Senhor, inclusive este ato. A Bíblia não relata o que acontece com essas pessoas. O suicídio mais conhecido foi o de Judas (Mateus 27:5), mas vejamos outros textos bíblicos em que se relatam alguns suicídios em (Juízes 16:29-30):

> Abraçou-se, pois, Sansão com as duas colunas do meio, em que se sustinha a casa, e arrimou-se sobre elas, com sua mão direita numa e com a sua mão esquerda na outra. E disse Sansão: Morra eu com os filisteus! E inclinou-se com força, e a casa caiu sobre os príncipes e sobre todo o povo que nela havia; e foram mais os mortos que matou na sua morte do que os que matara na sua vida.

Na galeria da fé, Sansão aparece como herói, um herói da fé. O livro de Hebreus 11:32 expressa: "E que mais direi? Faltar-me-ia o tempo contado de Gideão, e de Baraque, e de Sansão, e de Jefté, e de Davi, e de Samuel, e dos profetas, [...]". Sansão acabou com sua própria vida, mas muitos relatam que ele ganhou o galardão da eternidade porque, antes do ato, ele clamou pela misericórdia de Deus.

Também podemos verificar o suicídio de Abimeleque, em Juízes 9: 53-54:

> Porém uma mulher lançou um pedaço de uma mó sobre a cabeça de Abimeleque e quebrou-lhe o crânio. Então, chamou logo ao moço que levava as armas e disse-lhe: Desembainha a tua espada e mata-me; para que se não diga de mim: Uma mulher o matou. E seu moço o atravessou, e ele morreu.

Outro suicídio relatado na Bíblia foi o de Saul. O livro 1 Samuel 31:4 descreve:

> Então, disse Saul ao seu pajem de armas: Arranca a tua espada e atravessa-me com ela, para que, porventura, não venham estes circuncisos, e me atravessem, e escarneçam de mim. Porém o seu pajem de armas não quis, porque temia muito; então, Saul tomou a espada e se lançou sobre ela.

É desastroso o que fazem algumas religiões acerca desse assunto tão delicado. O problema não é a pessoa que morre, pois para ela acabou mesmo tudo, mas imagine uma mãe ouvir da boca de um líder religioso, ou ouvir de outras pessoas, que seu filho ainda terá o sofrimento eterno, que não terá salvação. Quem deu essa autoridade a eles? Eu creio que Deus tem um projeto na vida de cada um e que há aqueles que são Dele e os que não são, e só cabe a Ele dizer o destino dessas almas no momento certo.

Meu pesar é para aqueles que ficam. O choro de uma mãe, de um pai, de todos os familiares e amigos. Aquela dor que o suicida sentia e que, com toda certeza, seria passageira, porque tudo nessa vida passa. Se temos uma certeza, é que sempre haverá um novo amanhã, um dia novinho para tentarmos tudo outra vez e que a dor de hoje será passado amanhã. Porém, para os entes queridos que perdem quem se ama, a dor fica para sempre, nunca mais uma mãe terá novamente o mesmo sorriso nos lábios. A pior dor que existe é de uma mãe ter que enterrar seu filho. Imagine dentro dessas condições e prematuramente!

A vida seguirá, cada um lutando para subsistir, mas, na calada da noite, na hora que ninguém estiver olhando, os anjos do Senhor ouvirão um choro baixinho, abafado, em soluços. É o choro dessa mãe e desse pai que carregam no peito o sentimento de impotência, de culpa por achar que poderiam ter feito algo para evitar, a culpa por achar que não souberam criar bem seu filho. Muitos são os sentimentos que se resumem em choro, em noites mal dormidas, sem apetite, perde-se completamente o vigor. Não adianta, a vida nunca mais será a mesma depois de uma fatalidade dessa. A parte mais cruel é a dor eterna que carregarão os que ficarem. Queridos pais, que estão nessa situação, vocês não têm culpa de nada, libertem-se! Imagine essa doença como se fosse um câncer que, quando vem, ninguém tem culpa, apenas imaginar que seu filho poderia ou não se curar.

Para você que já pensou várias vezes em acabar com sua vida, sei que isso não é egoísmo, sei que isso não é frescura como muitos dizem, sei que não é falta de Deus. É uma doença chamada depressão e que precisa ser devidamente tratada. É a falta de produção do hormônio da felicidade. Sabia que essa doença passa de mãe para filho na gravidez? Tem crianças que já nascem depressivas.

Eu tive depressão e, às vezes, tenho recaídas, dias de choro, mas choro até certo ponto, pois agora eu aprendi a lidar com ela; quando bate a tristeza, sei que caiu o nível desse hormônio e busco fazer de tudo para elevá-lo novamente, forçando o meu organismo a produzi-lo, comendo chocolate, fazendo exercícios físicos, estudando, lendo um bom livro, assistindo a vídeos e filmes engraçados e, principalmente, olhando para as coisas maravilhosas que a vida ainda tem: o som dos pássaros; a natureza; o riso feliz de minhas filhas; as bênçãos que Deus já me deu e que muito ainda há de fazer por mim. Eu tenho motivos de sobra para ser feliz e esperar que dias ruins se acabem e que venha um novo dia recheado de notícias boas. A cada dia vencido, uma vitória. Quando algumas vezes estive perto de acabar com a minha vida, Deus me fez lembrar de minha mãezinha, de minhas filhas, e eu não poderia de jeito nenhum causar tamanha dor e sofrimento a elas, passei a lutar, guerrear por amor daqueles que eu tenho certeza de que me amam por mais que a doença me quisesse fazer acreditar que ninguém me amava. Depois eu passei a olhar para Jesus e por todo o sofrimento que Ele passou na Cruz por amor a mim, amor incondicional, eu precisava muito mesmo resistir a tudo, levantar-me e prosseguir. Hoje eu vejo que minha vida é muito importante e meu testemunho é levado para milhares de pessoas. Imagine se tudo tivesse acabado! Hoje não estaria aqui socorrendo meus irmãos em Cristo.

Então eu vejo que a última coisa que quero é ver minha mãe sofrer por minha causa, minhas filhas sem mim, meus verdadeiros amigos, meus familiares e, principalmente, decepcionar o meu Jesus. Foi por minha causa que Ele suportou as piores dores. "Verdadeiramente, ele tomou sobre si as nossas enfermidades e as nossas dores levou sobre si; e nós o reputamos por aflito, ferido de Deus e oprimido" (Isaías 53:4).

Essas intempéries que passo preciso suportar ferozmente, por amor de seu nome. Tenho dias tristes e choro, dias ruins sempre existirão, faz parte da nossa existência, porém sussurro baixinho: "Senhor, creio em ti, em teus desígnios e creio que para tudo existe um propósito, inclusive para os dias difíceis". Principalmente os dias ruins, são eles que nos fazem lembrar quem é Deus e é justamente nos períodos de provas que nos fortalecemos Nele. "Pelo que sinto prazer nas fraquezas, nas injúrias, nas necessidades, nas perseguições, nas angústias, por amor de Cristo. Porque, quando estou fraco, então, sou forte" (2 Coríntios 12:10).

Estou sendo moldada e santificada para receber meu Galardão. Vou chorar, mas vou me fortalecer e ficar de pé de novo.

CAPÍTULO 31
O ALGOZ NÃO FICARÁ IMPUNE

Ainda que o mau junte mão a mão, não ficará sem castigo.
(Provérbios 11:21a)

Não toque jamais em um pequenino de Deus, pense muitas vezes antes de atingi-lo, fazer sofrer um dos escolhidos, pois certamente não ficará impune. Há quem abra a boca e diga "Deus vai te castigar", "Deus tá vendo e vai cobrar". São várias as palavras ditas para que haja a intimidação do outro e, mesmo debaixo dessas afirmações, ainda assim cometem o erro, não temem a Deus, mesmo sendo meros enganos e aprazíveis de se dizer. É fato que, ao fazer algo a alguém, de bom ou de ruim, de alguma forma volta para o remetente.

Deus é misericordioso e jamais agiria de forma tão cruel e pesaria sua mão sobre o algoz. Há quem diga que o Senhor já puniu o povo no antigo testamento. Realmente, naquela época, Deus tratava diretamente com os seus, mas agora, após a vinda de Jesus e a sua crucificação, vivemos o período da graça.

O Deus que servimos é amor e misericórdia, concede perdão. E quando a Bíblia diz que não ficará impune? "Mas qualquer que escandalizar um destes pequeninos que creem em mim, melhor lhe fora que se lhe pendurasse ao pescoço um mó de azenha, e se submergisse na profundeza do mar" (Mateus 18:6). Esse trecho faz parte do texto em que Jesus relata que, para Deus, precisamos ser puros como as criancinhas, assim é que Deus precisa nos enxergar, com pureza nos corações. Porém, o homem é falho e pecador, permite que a carne, a razão humana, fale mais alto. O inimigo das almas os leva a pecar, escraviza, faz tomar atitudes vergonhosas, e ele mesmo puxa o tapete para ver a queda. É impiedoso.

Por que Deus permite que Satanás toque em um escolhido? Ao ler a história de Jó, percebemos que o inimigo se aproxime de nós, Deus precisa permitir. Então por que houve a permissão? Para que seja sondado o que há em nossos corações, para que, como servos, saibamos que é Deus; é somente na angústia, no período de provas, que buscamos intimidade com Ele. "E te lembrarás de todo o caminho pelo qual o SENHOR, teu Deus, te guiou no deserto estes quarenta anos, para te humilhar, para te tentar, para saber o que estava no teu coração, se guardarias os seus mandamentos ou não" (Deuteronômio 8:2).

O homem é que sai da comunhão, sai da presença do Senhor, usa o livre arbítrio e cede para pecar e, nesse momento, fica distante da graça de Deus. Somos nós que escolhemos e, por vezes saímos, debaixo da proteção e ficamos vulneráveis. o Espírito Santo é muito puro. Quando ficamos diante do pecado, Ele esconde sua face. Somos nós mesmos que saímos da proteção por meio de nossas escolhas. A todo momento são dadas brechas para que o inimigo invista. Por isso, é necessário vigiar sem cessar. Depois de cometer o pecado, então vem a cobrança, assim sendo levado ao deserto. Existem dois tipos de provas: uma é aquela que somos levados ao deserto sem ter cometido o ato do pecado e aquela na qual estamos recebendo a cobrança por nossos atos. Sempre estaremos sendo levados ao deserto, pois ele faz parte do crescimento espiritual, e dessa forma sabemos quem é Deus e criarmos íntima dependência Nele.

Muitos ainda culpam a Deus quando o salário do pecado vem ser cobrado. Em Romanos 6:23, a Palavra diz: "Porque o salário do pecado é a morte, mas o dom gratuito de Deus é a vida eterna, por Cristo Jesus nosso Salvador". Portanto, não ficará impune. O inimigo usa os seus escravos para atingir a um Servo de Deus e o próprio fará cair o pecador. Cuidado! A cobrança vem com juros! Existe uma diferença entre servo e escravos. Para Deus, somos servos porque servimos por amor, reconhecemos que não merecemos tamanha Graça, porém os escravos de Satanás são prisioneiros chicoteados.

Quanto a Deus, é sim justo juiz, mas ainda não está julgando, está agindo com compaixão e dando-nos o direito à remissão de nossos pecados, convidando-nos ao arrependimento por meio do sangue de Jesus derramado na Cruz, e sempre estará de braços abertos a esperar o pecador arrependido. "Buscai ao SENHOR enquanto se pode achar, invocai-o enquanto está perto" (Isaías 55:6),

ELE AINDA ESTÁ A ESPERAR...

CAPÍTULO 32
O LIVRE ARBÍTRIO

O livre arbítrio é a prova de que Deus nos ama a ponto de deixar à disposição do homem o direito de escolha. Mesmo que nossas escolhas sejam direcionadas para a morte, Ele nos livra com todo o amor. Ele permite que possamos aprender que somente debaixo de suas asas é que estamos protegidos. No livro de Deuteronômio 30: 19-20 está escrito:

> Os céus e a terra tomo, hoje, por testemunhas contra ti, que te tenho proposto a vida e a morte, a bênção e a maldição; escolhe, pois, a vida para que vivas, tu e a tua semente, amando ao SENHOR, teu Deus, dando ouvidos à sua voz e te achegando a ele; pois ele é a tua vida e a longura dos teus dias; para que fiques na terra que o SENHOR jurou a teus pais, a Abraão, a Isaque e a Jacó, que lhes havia de dar.

Quando agimos com sabedoria, a cada passo consultamos ao Senhor para saber qual o seu querer, mas, às vezes, queremos, por meio da força humana, apressar as coisas ou partir para caminhos contrários ao querer do Senhor. A exemplo disso, temos Abraão, que quis antecipar aquilo que Deus havia prometido, um filho, e ele quis antecipar o tempo de Deus e gerou Ismael. Não adiantou, anos mais tarde é que veio a bênção prometida, seu filho Isaque.

Em algum momento, duvidamos das promessas que Deus nos faz, deixamos de acreditar e, pior, tentamos dar o famoso empurrãozinho para que aconteça logo. Ora, Deus não precisa de nossa ajuda. Agimos por impulsividade, utilizamos o nosso livre arbítrio e sem a devida obediência, trazendo consequências desastrosas para nossas vidas. Eu creio que todos os nossos dias já foram contados e escritos no livro da vida. Mas, então, por que Deus permitiu que saíssemos de sua presença? Compreendo que o Senhor, sendo onisciente e onipotente, já sabia de nossos passos em falso. De uma forma ou de outra, fazia parte do projeto. Para cada vaso são necessários cuidados especiais, específicos do oleiro, ficando na fornalha o tempo que for preciso para sermos moldados, esquadrinhar nossos corações para que haja a rendição precisa e desejada, e depois do conserto ficamos mais fortes, mais firmes e, principalmente, mais obedientes, porque a desobediência é o pecado original.

Perdemos a bênção por não saber esperar Deus agir em seu devido tempo. Os planos Dele são maravilhosos, perfeitos e sempre agradável aos olhos, mas só alcança a verdadeira Graça da bênção aquele que espera e confia. Calar, orar e deixar que tudo em seu devido tempo vai se encaixar.

Por meio do livre arbítrio, também podemos perder a bênção já concedida. O Senhor sabe o que é melhor e nos mostra, mas, aos nossos olhos humanos e falhos, dizemos não, até duvidamos porque não é de nosso agrado, então rejeitamos. E isso traz consequências desastrosas e muito sofridas. Muitas vezes, não somos gratos por aquilo que recebemos. Já ouvi testemunhos lindos sobre o início de casamentos, Deus mostrando seu querer respondendo orações, e, depois de certo tempo, o casamento se desfez. Mas o que houve? O casal destruiu com suas próprias mãos ao deixar de vigiar, dar brechas ao inimigo e usar o livre arbítrio inclusive para cometer adultério. "Do homem são as preparações do coração, mas do SENHOR, a resposta da boca" (Provérbios 16:1). Assim sendo, o homem faz suas escolhas, mesmo que erradas, mas, antes de tudo, o Senhor já sabia que isso ocorreria e, desde já, concedia o perdão ao pecador. O coração do homem considera o seu caminho, mas o SENHOR lhe dirige os passos" (Provérbios 16:9).

O amor de Deus não muda, nem mesmo seus planos de salvação para os seus servos, mesmo ficando um período longe de sua presença. "Deus não é homem, para que minta; nem filho de homem, para que se arrependa; porventura, diria ele e não o faria? Ou falaria e não o confirmaria?" (Números 23:19). Mesmo se distanciando e andando por terras longínquas, o Senhor já era conhecedor, nada pode mudar o Projeto que Ele separou para nossas vidas, "Porque eu, o SENHOR, não mudo; por isso, vós, ó filhos de Jacó, não sois consumidos".

O importante é manter-se fiel, mesmo acontecendo alguma escolha errada, saber que Deus sempre nos quer de pé, firmes, caminhando em direção à eternidade. Um passo em falso não é o suficiente para sermos condenados, desde que confessemos nossas falhas com pureza de coração. Não ter vergonha de assumir que errou e voltar para a caminhada, afinal ninguém tem o poder de nos julgar. O único que poderia nos condenar preferiu nos amar incondicionalmente.

CAPÍTULO 33
ADULTOS MARCADOS POR INFÂNCIAS INFELIZES

Talvez eu esteja entrando em um campo ainda pouco explorado na sociedade e, principalmente, dentro dos lares cristãos. Refiro-me à violência doméstica. Vários foram os relatos aos quais tive conhecimento. É difícil acreditar que alguém que esteja o tempo todo na Igreja e em casa torne-se o mais vil de todos os seres, agredindo esposa e filhos com palavras pesadas e até agressões físicas. Muitas esposas se calam, suportam caladas por imaginarem que não podem divorciar-se por não interpretarem o Evangelho corretamente. Muitos filhos de pregadores vivendo amargamente e até saindo das Igrejas porque o exemplo de servo que tem dentro de casa não lhe agrada e logo vinculam os atos desse agressor à Igreja.

Desde o nascimento ou mesmo antes de nascer, o servo já sofre grandes investidas. A intenção do maligno é destruir essa vida, ele sabe que ali está alguém separado desde a eternidade e que veio para fazer a diferença neste lugar. A cada um é dada uma centelha, um projeto ao qual, em determinado momento, nos é apresentado e quanto mais amado, quanto maior for o projeto, mais será provado. O inimigo vem para matar, roubar e destruir, principalmente, essas vidas para que a vontade do Senhor não se cumpra, mas nada pode frear o Projeto de Salvação do Senhor.

As batalhas, para muitos desses escolhidos, começam antes mesmo de nascer. E no decorrer da infância, ocorrem-lhes situações terríveis. Às vezes, de quem poderia receber amor é de onde vem as piores experiências.

Confesso que eu não era a filha preferida de meu pai, e, antes de ele falecer, suas palavras em direção a mim ficaram marcadas porque machucaram demais. Mas enquanto pude, eu tentei ser a melhor filha possível, sabia que eu precisava agradá-lo para ver se olhava para mim. Fazer minha parte como filha. Cuidava dele como minha mãe fazia, que levava sua comida e água e lhe servia de tudo.

Meu pai não queria que eu nascesse, já tinha um casal de filhos e, por isso, uma terceira filha não lhe agradava. Ele foi embora de casa, quando minha mãe soube de seu caso extraconjugal, e, durante toda a gravidez, não tivemos ele por perto. A mulher com a qual ele estava envolvido encontrou minha mãe na rua, estando ainda grávida de mim, e espancou minha mãe, seu alvo principal era a barriga, lá onde eu estava, e, por fim, derrubou minha mãe de uma calçada alta.

Certo dia, eu questionei ao Senhor o porquê de a minha vida ser tão sofrida, cheia de lutas, tudo ser muito difícil. E ele me respondeu: "Minha serva, és vaso de honra tão valioso para mim que desde a sua concepção no ventre de sua mãe eu precisei colocar anjos para te guardar, porque desde ali o inimigo já investiria contra a sua vida". Em seguida, ele me concedeu uma visão e pude ver minha mãe dormindo e muitos anjos entrando no quarto. Recordei de toda a história que minha mãe contou, inclusive das agressões físicas sofridas por aquela mulher enviada do demônio para intentar contra a minha vida.

Imaginem uma gravidez inteira sem se alimentar e dormir direito e muito sofrimento. Precariedade financeira, muita pobreza quase beirando a miséria. Minha mãe não trabalhava fora, sozinha, com mais dois filhos pequenos e só com a ajuda de minha avó. Meu pai só voltou para casa quando eu já estava com sete meses de nascida. Alegro-me ainda que, apesar de tudo que relatei, eu não sofria agressões físicas. Era apenas rejeitada, minha existência não fazia diferença para ele.

Ouvi alguns relatos de servos e do quanto sofreram. Triste saber de todas essas histórias e perceber que muitos possuem testemunhos muito parecidos. Isso me motivou a escrever este capítulo. Relatos de abandonos, agressões físicas que provocaram feridas profundas e que permanecem latentes. Ao menor sinal de risco, isso lhes provoca gatilhos mentais dos quais revivem tudo que passaram, trazendo dor para o seu presente. Quase todos possuem um história de vida bastante sofrida. Passei a observar e fiz essa constatação. Inimigo sujo tentando parar o projeto em nossas vidas. Então compreendi e passei a enfrentar as lutas de cabeça erguida, mesmo diante de dores insuportáveis, terríveis; ainda assim eu glorifico a Deus, porque, se há lutas, a marca de Cristo ainda está em mim, o reino dos céus me pertence. "Bem-aventurados os que sofrem perseguição por causa da justiça, porque deles é o Reino dos céus" (Mateus 5:10).

Alguns não alcançam esse entendimento, não lutam para mudar esse cenário e se tornam adultos frustrados, feridos, sangrando em cima de outras pessoas, propagando a violência que sofreram. Não conseguem relacionar-se, escolhem mal seus cônjuges e até acham que é normal, uma vez que sofreram uma vida inteira de seus pais e/ou seus genitores. E tem mais: muitos se refugiam nas Igrejas, mas não conseguem a cura a ponto de formarem famílias e afirmarem ser um lar cristão, mas cheio de violências e abusos.

Uma mulher que é agredida não pode ser aconselhada na Igreja a suportar o marido agressor, porque na Palavra o divórcio só se dá por meio do adultério ou da morte de um dos dois. "Mas, se o descrente se apartar, aparte-se; porque neste caso o irmão ou irmã, não está sujeito à servidão, mas Deus chamou-nos para a paz" (1 Coríntios 7:15). Viver em paz, o versículo fala claramente.

Crianças que, por qualquer motivo, são agredidas. Conseguem imaginar o tamanho do amor de Deus pelas criancinhas indefesas? O Evangelho defende veementemente quanto à proteção que devemos dar aos pequenos indefesos. "Abre a boca a favor do mudo, pelo direito de todos os que se acham em desolação. Abre a tua boca, julga retamente e faze justiça aos pobres e aos necessitados" (Provérbios 31:8-9). Então veio o Senhor até mim e revelou: "Protejam minhas criancinhas, são minhas, não as machuquem, causam em mim esta dor, a dor delas é minha dor e delas é o reino dos céus. Infeliz daquele que as maltratam porque pela mesma mão em que causam suas dores sofrerão a fio de espada o castigo".

É uma agressão de tamanho inimaginável pelos danos que causam na cabecinha deles, desacreditam do amor, pois esperam receber amor e, em troca, recebem a dor. O resultado de tamanha agressão é desastroso, tornam-se adultos imaturos, inseguros, com algum transtorno de personalidade, e a parte mais preocupante ainda é a propagação da violência de geração em geração.

"Um tolo expande toda a sua ira, o sábio a encobre e reprime" (Provérbios 29:11). Como servos escolhidos, sofreremos perseguições, por amor de seu nome, por contermos a marca de Cristo e o seu bom perfume. Seremos humilhados, acusados, agredidos, às vezes, por quem esperamos receber amor, e isso pode doer muito, pode deixar marcas profundas, cicatrizes que vez ou outra vão sangrar. O Senhor não está nisso! Não é referência de cristianismo. Jamais será. Deus é amor! Sabemos que não estamos sozinhos.

Família precisa ser acolhimento, proteção, consolo, lugar seguro. É a representatividade do amor de Deus, que nos oferece tudo que é necessário para desenvolvermos de forma saudável e com os preceitos do Evangelho. Um lar que é realmente firmado na rocha que é Jesus possui amor e respeito. O verdadeiro amor é descrito no livro de 1 Coríntios 13: 1-7:

> Ainda que eu falasse as línguas dos homens e dos anjos e não tivesse amor, seria como o metal que soa ou como o sino que tine.

E ainda que tivesse o dom de profecia, e conhecesse todos os mistérios e toda a ciência, e ainda tivesse toda a fé, de maneira tal que transportasse os montes, e não tivesse amor eu nada seria.

E ainda que distribuísse toda a minha fortuna para sustento dos pobres, e ainda que entregasse meu corpo para ser queimado, e não tivesse amor, nada disso me aproveitaria.

O amor não é sofredor, é benigno; o amor não é invejoso; o amor não trata com leviandade, não se ensoberbece, não se porta com indecência, não busca seus interesses, não se irrita, não suspeita mal; não folga com a injustiça, mas folga com a verdade; tudo sofre, tudo crê, tudo espera, tudo suporta.

Apesar de saber que o amor se esfriou, e sabendo ainda que os homens tornariam amantes de si mesmos, sabemos que somos a herança do Senhor, que precisamos lutar veementemente para possuirmos um lar de bênçãos e a esperança de herdar a eternidade traz-nos alento, porém não podemos nos calar perante as agressões. Deus é amor e ser servo Dele é mansidão, mas Deus também é justiça e por meio Dele sempre seremos justificados.

CAPÍTULO 34

O DESTINO DE NOSSAS ALMAS E AS VOZES DOS ESPÍRITOS

Esta madrugada o Senhor me tocou para tratar desse assunto. Estranhamente, porque nunca imaginei que seria algo de grande relevância para a nossa caminhada espiritual. Foi então que, após orar e receber um louvor para entoar, o Senhor começou a levantar pontos acerca desse assunto. Que coisa maravilhosa esse cuidado que Ele tem em preparar todas as coisas neste livro!

Então, escreverei aqui alguns desses pontos que foram colocados. A alma é o nosso espírito, o espírito do homem e, além dele, também tem o Espírito Santo de Deus, que é o que nos convence do pecado, consolador. E, como sabemos, também tem o espírito maligno.

Os três interagem em nossa vida, em nossos pensamentos e atuam constantemente durante toda a nossa existência.

Nossa alma ultrapassa a barreira de nossa matéria física. Veio da eternidade, por isso, é eternal e voltará um dia para lá, está ligado a Deus porque foi dado por Ele, quando morrermos, após deixarmos aqui o nosso corpo físico aqui na Terra. "Porque não recebestes o espírito de escravidão, para, outra vez, estardes em temor, mas recebestes o espírito de adoção de filhos, pelo qual clamamos: Aba, Pai" (Romanos 8:15).

Sua voz geralmente é carregada da razão humana, escutamos nossa própria voz em forma de pensamentos. Mas sempre vem com a razão e emoção, levando-nos a pecar quando deixamos o desejo da carne falar mais alto, e, por causa do pecado, o espírito sofre e fica afastado de Deus. Dificilmente vem com sabedoria, na verdade, é o desejo do homem que, às vezes, vem também em forma de sonhos. "Porque, se viverdes segundo a carne, morrereis; mas, se pelo espírito mortificardes as obras do corpo, vivereis" (Romanos 8:13). Isso nos faz sofrer e, enquanto não confessamos e pedimos perdão, não encontramos descanso. Deus une nosso espírito ao Espírito Santo e nos renova.

O Espírito Santo veio de Deus e nos acompanha também durante nossa caminhada e fala constantemente, guiando-nos pelo melhor caminho. É a voz de Deus, sua voz é suave. É aquela voz que sempre vem mansinha e acalma o coração. Quantas vezes choramos orando, inconsoláveis, e vem a voz mansa e suave Dele, que, no mesmo instante, arranca a dor que sentimos no peito e o choro cessa porque fomos consolados. É preciso experiência e comunhão com Deus para que a possamos ouvir e diferenciar das outras vozes. Sim, todos os espíritos falam, e é preciso sabedoria para discernir. A voz do Senhor sempre guiará para o caminho do bem, suave, tranquila e possui sabedoria quando nos alerta para que não façamos nada de errado, é muito sensível e quase imperceptível, mas ela vem e devemos obedecer, para nosso próprio bem.

Hoje eu posso dizer, com toda certeza, que Ele fala constantemente, conversa a todo instante, principalmente quando estamos tristes. Não fala jamais no momento de desespero, gritos e grandes angústias. Quando estamos nesses momentos de grande tribulação, tendemos a ficar embargados de razão, desconfiamos das promessas do Senhor para a nossa vida, questionamos, murmuramos. Dessa forma, se há a razão humana, então o Espírito Santo se cala. Na hora que acalmamos, ele vem com voz suave e traz alento. Muitos me procuram dizendo que oram bastante, mas a oração não tem respostas, e que se encontram aflitos e angustiados porque os dias passam e não veem respostas. Meu conselho inicial é para que busquem ao Senhor sem cessar, quanto mais buscarem, encontrarão. Utilizem-se dos meios de Graça: leitura diária da Palavra, ouvir louvores, jejum, oração na madrugada e uso do clamor, que é a oração rápida e curta, mas poderosa para deslocar do céu uma legião de anjos em seu favor. Dessa forma, quanto mais buscar, mais encontrarão e descansarão. E olha que bênção maravilhosa, porque, a cada busca, o Espírito Santo opera trazendo conforto. Uma vez confortáveis, descansam, param de reclamar, se angustiar e passam a confiar, mesmo que ainda não seja a resposta da oração, mas terão consolo para poder esperar o tempo do Senhor.

A voz do maligno é robusta, sem delicadeza nenhuma e te incentiva a cometer pecados. Tenta minimizar o peso do pecado, e estranhamente seu diálogo é repetitivo, porque já comparei experiências de irmãos em lugares distantes, e que o diálogo que ouviam dos seus perturbadores eram sempre os mesmos. As mesmas frases para aturdir e causar danos. Sempre agirá em cima de nossas fraquezas. Eles as conhecem bem porque vivem ao derredor. Rugindo como um leão buscando a quem possa tragar. Por isso, nunca diga em voz alta algo que esteja planejando para sua vida. Um sonho, um trabalho, alguma empreitada, porque ele ouve e vai investir inclusive usando outras vidas, perturbando a quem conhecemos para que esse venha contra nós de alguma forma e tire nossa paz. Não conte a ninguém seus planos, suas frustrações, porque ele ouvirá também. Ore em silêncio, em pensamento, para que somente o Espírito Santo receba e encaminhe até o Pai com gemidos inexprimíveis. A voz do inimigo está a todo tempo investindo para te fazer cair no pecado. Um dia ocorreu uma situação, e eu aconselhando um servo. Ele me perguntou se o inimigo também lia o que escrevíamos ou se ele via aquilo que víamos na internet. Então eu respondi que a única limitação dele, descrita na Bíblia, eram os nossos pensamentos, que somente o Senhor é capaz de esquadrinhar. Vigiai seus passos! Conheça a verdade e liberte-se!

Outro ponto importante a ser abordado neste texto, sobre almas, é que existem religiões que alegam que existe a reencarnação. Algumas pessoas insistem em dizer que existe reencarnação e alegam que tal ato se dá porque a alma reencarna até que pague por seus pecados. Pensando assim, quer dizer que se tornará um círculo vicioso? Porque, a cada vida, sempre serão cometidos pecados. Outro ponto importante: todos reconhecem a vinda de Jesus, e o motivo pelo qual Ele veio. Veio para o pecador. Para que pudéssemos, por meio de seu sangue, sermos remidos de nossos pecados. De novo eu indago: se temos Jesus para remir em seu sangue nossos pecados, qual a necessidade de reencarnarmos? Jesus veio para que pudéssemos ter direito à salvação, e ninguém veio da eternidade e ficará indo e voltando. Não estou fazendo apologia à religião nenhuma, respeito a decisão de todos. Quem sou eu para julgar? O que sei é o entendimento de Bíblia, da leitura à Palavra e de minhas experiências com o Senhor. "Cada um baterá contra ele as palmas das mãos e do seu lugar o assobiará" (Jó 27:23).

Outra crendice que costumam relatar é que o espírito de quem morre fica vagando aqui neste plano terrestre. Há pessoas que ficam tão sentidas quando perdem um ente querido, alguém que ama, que alegam verem vultos da pessoa, sentem a presença, e outros até dizem que conversam com a pessoa falecida. É engano do vil tentador, não acreditem. Ele toma a forma, a voz e enganam.

Algumas pessoas enlutadas buscam recursos indo atrás de pessoas que se dizem "intermediadoras", que incorporam espíritos e podem receber o espírito de quem já morreu. É outro engano! Satanás ri de sua cara, e a pessoa que foi atrás disso costuma afirmar que a pessoa lá disse palavras, no momento que "recebeu" o espírito, que só a pessoa que morreu saberia. Lógico que sabem. Se o espírito maligno está ao derredor te observando o tempo todo, é lógico que ele sabe de algumas particularidades de sua vida. Não caiam nessa armadilha. O tempo todo é o espírito do maligno que quer te causar confusão e te atormentar além de extorquir seu dinheiro – lógico, o serviço não sai de graça.

Ouvi relatos de pessoas que já estiveram nesses lugares, que a primeira coisa que mandam fazer, antes dos trabalhos, é falar o Pai-Nosso. Deixe-me abrir aqui um comentário básico. A Bíblia anula as orações que haja repetições. "E, orando, não useis de vãs repetições, como os gentios, que pensam que por muito falarem, serão ouvidos" (Mateus 6:7). E quanto ao Pai-Nosso descrito mais à frente nos versículos seguintes, esse é apenas trazendo um exemplo de como deveríamos orar, que seja uma conversa sincera, primeiro pedindo a limpeza dos corações, que perdoemos tudo que nos fizeram. Não é necessário que tomemos para si aquele modelo para ficarmos repetindo. Ora, antes mesmo foi escrito que não era para haver as vãs repetições.

Algumas pessoas buscam esses recursos por acharem que a pessoa morreu e ficou de dar algum recado. Ficou algo por dizer, isso não é verdade. A Palavra nos assegura que cada um de nós tem um tempo determinado de dias aqui neste lugar e que nossos dias são contados. Não são acrescentados, e sim subtraídos desde o dia que nascemos. Nada fica por dizer, nada fica incompleto, e ninguém morre antes, nem depois. Deus pode acrescentar alguns dias como fez com o rei Ezequias, que teve 15 anos de acréscimo. "E acrescentarei aos teus dias quinze anos e das mãos do rei da Assíria te livrarei, a ti e a esta cidade; e ampararei esta cidade por amor de mim e por amor de Davi, meu servo" (2 Reis 20:6). Tudo já estava escrito em nossas vidas, até isso já está escrito na nossa história de Ezequias. Pessoas que se curam de doenças incuráveis. E para que tudo isso? Para que seja provado que Deus é Senhor de milagres. A vida dessa pessoa já foi separada para ser um milagre na Terra para provar para ciência que Deus é maior que seus diagnósticos e que muitos reconheçam e se rendam ao seu poder.

Após cumprir a missão à qual fomos designados, podemos então voltar para casa. O versículo "[...] e o pó volta à terra, como o era e o espírito volte a Deus, que o deu" (Eclesiastes 12:7) relata o destino de nossas almas.

Assistir a um culto na Casa do Senhor e poder sentir o quebrantamento traz paz e alegria imensuráveis, e isso acontece porque nossa alma sente saudades de casa, e estar na Presença de Deus em um culto é poder gostar do lugar que é nosso por herança. A Igreja é um pedacinho do céu, e nossa alma sente isso. Por esse motivo, ficamos tão felizes nesse lugar.

CAPÍTULO 35
O DOCE SABOR DO PECADO

Estamos fora de casa vivendo em um mundo que não nos pertence, não somos daqui. Somos da Terra celestial e fomos lançados fora por um período. Enviados para cá como uma grande experiência. Buscamos a todo instante sermos melhores. Encontrando paz e santificação. Porém, em um mundo que jaz do maligno, estamos propensos ao pecado a todo momento.

Declinamos e somos submetidos a passar por testes em que, às vezes, dói em nossa carne. Estar diante do trono de Satanás e permanecer fiel é uma das provas mais difíceis dessa vida. O inimigo conhece nossas angústias, sabe de nossas fraquezas e agirá exatamente em cima de nossas insuficiências e incapacidades. De certa forma, sendo ferido exatamente onde julgamos ser impossível suportar. É justamente ali que é posto à prova, e quando o período da provação acaba, ficamos mais fortes e percebemos que boa parte do nosso pensar era o medo e a falta de confiança no Senhor.

Diante de tudo que já tive de passar, só posso aceitar meu lugar de insignificância e jamais posso olhar para o meu próximo e criticá-lo por cometer seus erros. Quem eu penso que sou para me julgar melhor que ele? Só posso pedir forças a Deus para que, em cada prova, eu saia vitoriosa e orar pelo meu próximo de todo o meu coração, para que ele também possa resistir e renunciar ao pecado. Porque é muito difícil esquivar-se. Temos nossa carne que grita querendo nos dominar, a racionalização de nossos desejos, nossos hormônios, necessidades básicas e essenciais para o corpo, mas, em busca de santificação, é necessário matar a carne.

Não tem como alcançar a Deus se não estiver em santificação. Como disse Paulo na carta à Gálatas, que é uma luta constante da carne contra o Espírito. "Porque a carne cobiça contra o Espírito, e o Espírito, contra a carne; e estes opõem-se um contra o outro; para que não façais o que quereis" (Gálatas 5: 7). Inclusive quando estamos em processo de santificação buscando os meios de Graça, não devemos render-nos aos desejos da carne, porque, dessa forma, o espírito deixou de ser alimentado e deu lugar à carne.

É muito difícil dizer não para o pecado. Ele é atrativo, enche nossos olhos, nos encanta, fala palavras que queremos ouvir, ele é doce! E mesmo que, por um período breve, momentâneo, nos satisfaça, mas não adianta se iludir. Por mais prazeroso que seja, frio no estômago, desejos ardentes e que enlouquecem a carne, a ponto de cometermos atos estúpidos, não compensa. Depois de passar toda a loucura, vem o peso da culpa e a cobrança do Espírito Santo, porque é Ele quem nos convence do pecado; é um momento traumático. O desejo que temos é de nos rasgar as costas com chicotadas por sentir tamanha culpa e vergonha. E mais triste ainda é quando a pessoa se acostuma com o pecado, de modo a não sentir mais culpa, porque, enquanto há a culpa, o Espírito está lutando para preservar a salvação. Então, se esse se cala, é de fato algo a se preocupar. Não se acostume jamais com o pecado. Não ache que é algo normal, porque não é, jamais será.

O salário do pecado é a morte. E nessa hora, o doce se torna amargo. Corremos, lutamos contra nossas próprias fraquezas, medos, anseios, angústias, desejos ardentes, pânico, pavor, e não adianta correr porque somos confrontados a todo instante diante de nossos piores pesadelos, para que sejamos provados. Para que possamos dizer que ultrapassamos mais uma etapa e mais um passo à frente rumo à eternidade.

Não posso deixar de relatar os saldos do pecado, isso mesmo, os resultados. Engana-se aquele que diz que ficará sem precisar pagar após pedir perdão. O arrependimento sincero e o pedido de perdão são importantes. Reconhecer as falhas verdadeiramente em Cristo Jesus é termos a garantia de que Ele, advogado fiel, intercederá por mim, diante do Pai, no dia do juízo pelo qual todos nós deveremos passar, aberto o livro e julgados segundo nossas obras. "Porque todos devemos comparecer ante o tribunal de Cristo, para que cada um receba segundo o que tiver feito por meio do corpo, ou bem ou mal" (2 Coríntios 5:10). Porém, aqui na Terra, cada ato cometido terá suas consequências. Quem plantar terá a colheita conforme seu plantio. A lei da semeadura existe. "Não erreis: Deus não se deixa escarnecer, porque tudo o que o homem semear, isso também irá colher" (Gálatas 6:7).

Muitos dizem que Deus é quem faz a cobrança por cada ato. Isso é um equívoco, Deus ainda não está julgando, está agindo de misericórdia para com os seus, mas o filho que se comporta de forma inadequada receberá o castigo. E quem faz a cobrança é o próprio Satanás. Leva-te a pecar e ele mesmo puxa teu tapete para ver tua queda.

Pode ainda se perguntar: por que Deus permite que o inimigo se aproxime de um justo, vaso escolhido? Entenda que você escolheu o caminho, usou o livre arbítrio e fez suas escolhas e espera as consequências de suas escolhas. Para cada ato existe uma consequência, boa ou ruim.

Existem dois tipos de lutas as quais enfrentamos: uma delas somos nós mesmos que escolhemos, decisões erradas e sem a direção do Senhor, sem o consentimento e que recebemos conforme escolhemos. Não adianta queixar-se, muito menos culpar a Deus. Ele nunca teve parte em tuas escolhas e, com certeza, o que Ele tinha para sua vida era muito melhor do que o que você procurou, porque não soube esperar o tempo certo Dele para receber sua bênção. Mas Deus permite errar e já sabia que ia errar e não o impediu para que conheçamos quem Ele é em nossas vidas.

O outro tipo de luta que enfrentamos são provas que servem para nosso aperfeiçoamento, nossa dependência em Deus e, assim, mais firmados na rocha que é Jesus. A cada prova, saímos mais fortalecidos. Vigiamos nossa coroa e temos a certeza de que cruzaremos os portões celestiais.

A parte mais triste em pecar é que, quando começamos a acertar as contas, a cobrança pode vir em cima de quem mais amamos, nossos filhos. "Não te encurvarás a elas e nem o servirás; porque eu, o SENHOR, teu Deus, sou Deus zeloso, que visito a maldade dos pais nos filhos até a terceira e quarta geração daqueles que me aborrecem" (Êxodo 20:5). Quando o Senhor diz que visita significa que Ele permitirá, observará o maligno cobrar cada ato errado, como eu já disse, ele te leva a pecar e ele mesmo faz a cobrança para ver a tua desgraça. E Deus observa, Ele não deixará que morra na prova, mas ela fará parte de seu processo de crescimento espiritual. E a cobrança dói mais ainda. Queremos sentir todas as mazelas de nossas transgressões, mas não queremos ver um filho sofrer, ainda mais quando é por nossa culpa e vermos um filho padecer por nossos erros é algo indescritível. Muitos já me questionaram, disseram que isso é injusto e que o certo é que cada um pague por seus pecados. Compreenda, nossos filhos são nossas heranças, parte de nós mesmos, parte de nossa carne. Carregam nosso DNA, nossas descendências físicas, emocionais e até mesmo algumas heranças ocultas aos olhos e que nascem com toda essa carga genética.

Filhos são nossas extensões de vida e, por isso, por serem nossa parte mais fraca, é que a cobrança vem sobre eles para nos atingir. Filhos são nossas fraquezas e tiram nosso fôlego, e quem é pai ou mãe sabe exatamente do que estou falando. A dor que um filho sente reflete em nós três vezes mais. Imagine saber então que parte desse sofrimento é culpa nossa, culpa de nossos passos incertos como mãe ou como pai? E isso estou falando apenas da segunda geração, mas a Palavra se estende até a terceira e quarta geração. Imaginem nossos filhos e netos pagando por nossos pecados, dependendo do grau de nossa transgressão.

Davi era segundo o coração de Deus, pecou e pagou com a vida do seu primogênito, mesmo depois do arrependimento (2 Samuel 12:

14-19). Sansão se inflamou por amores estranhos e entregou o segredo de sua força; esse também teve seus olhos furados e foi humilhado em público até chegar ao ponto de ficar sem saída e cometer suicídio. Ele se matou, mas antes alcançou a graça de Deus que lhe devolveu sua força (Juízes 16: 1-22).

Muitos usam a passagem do ladrão na Cruz que era pecador e foi para a eternidade alegando que foi sem pagar por seu pecado, acaso as chicotadas. O peso da Cruz que ele carregou, a humilhação, os cuspes, a dor dos pregos em suas mãos e em seus pés não foram castigos suficientes para a transgressão que havia cometido? Quem sabe a relevância de cada pecado é Deus. Para Ele, não existe maior nem menor, apenas pecado, e todos são dignos de perdão desde que o confessemos a Deus.

O certo é tentar buscar retidão a todo instante e, se o velho homem insistir em vir à tona, que o matemos e quiçá venhamos a transgredir, que saibamos recorrer pelo socorro do Senhor: "Oh Senhor, Filho de Davi, tenha compaixão de mim".

CAPÍTULO 36

O CASAMENTO, O QUE DIZ A PALAVRA DE DEUS?

Desde o meu divórcio, passei a observar alguns casais dentro das Igrejas e algumas situações vividas e vivenciadas. Faço parte de um grupo selecionado, as pessoas cristãs divorciadas dentro da Igreja. Minhas afirmações construí em meu pensamento, e muitos foram os casos que não pude deixar de notar. Relatarei alguns que aconteceram não apenas em uma denominação em específico, mas em várias delas.

Já observaram que os templos estão cheios de servas divorciadas e de todas as idades? É como se houvesse uma discriminação por parte até mesmo dos servos divorciados, que, por sua vez, preferem aventurar-se e esperar, na esperança inútil, de que uma jovem se interessará por eles. E nas reuniões de jovens lá estão eles. Talvez pensem que estou com afronta em afirmar isso, mas sei que muitos, inclusive os próprios servos em questão, concordarão comigo porque é a verdade, eles não aceitam as servas de sua idade e em mesmas condições de desquitado. Podem não ter um bom emprego nem condições favoráveis para suster uma jovem cheia de sonhos a serem realizados.

Se o homem tiver recursos financeiros, quem sabe uma jovem se interesse, e por que seria diferente dentro dos templos? Dez, 20 anos de diferença do varão para varoa, o que isso importa? O que importa é o amor não é mesmo? "Seja bendito o teu manancial, e alegra-te com a mulher de tua mocidade, [...]" (Provérbios 5:18). Então, casam-se, e a primeira coisa que fazem é podar os anseios da moça de estudar e trabalhar. Tratam com situação de completa submissão a ponto de darem ordens expressas. Já vi cada absurdo de a esposa não poder nem ir visitar seus pais, e ainda usam a Palavra de Deus que elas devem abandonar pai e mãe e se juntar aos maridos. Mas que abandono é esse mesmo? A filha não pode ir visitar seus pais?

Muitas são violentadas de diversas formas, mas não podem pedir carta de divórcio por compreender, equivocadamente, o que realmente diz a Palavra de Deus. Alegam que apenas em caso de viuvez ou adultério poderá sair de um relacionamento abusivo. A Palavra diz isso e diz também ainda: "Mas, se o descrente se apartar, aparte-se; porque neste caso o irmão, ou irmã, não está sujeito à servidão; mas Deus chamou-nos para a paz" (1 Coríntios 7:13). Veja bem, o irmão ou a irmã não está sujeito à servidão de precisar aceitar tudo calada, acaso é possível viver em paz sendo agredida? Xingada? Humilhada? Às vezes até sendo vítima de estupro, por não consentir e ser forçada pelo marido, obrigá-la e ainda alegar a Bíblia, de novo, dizendo que o corpo dela pertence a ele. Eu até vejo com muito amor esse versículo no qual Paulo diz que um pertence ao outro, mas havendo amor e cumplicidade, porém, dentro dessas condições, é violência, nada mais que isso, e deve ser inclusive colocado diante da lei, porque as leis da Terra ligam-se aos céus. Tenho certeza de que Deus não nos quer no sofrimento dessa forma. Este texto está direcionado às mulheres, porém compreendo que alguns homens também passam por situações difíceis dentro de seus casamentos.

A Palavra do Senhor sobre o casamento é linda demais, infelizmente cometem as piores atrocidades em nome de Deus. Isso não é apenas nos dias de hoje, sempre foram assim. Vi algumas senhoras há anos casadas, mas de semblante triste, inclusive havia uma que tinha 30 anos que não via a sua mãe, nem mesmo para se despedir dela, em leito de morte, pôde ir, proibida pelo marido. Eu sei que várias dessas mulheres vão se identificar com este livro e, principalmente, aquelas que me procuraram para relatar suas dores.

Outra observação que pude constatar acerca desse assunto são os jovens inquietos para se casarem logo. Compreendo que é uma fase hormonal severa, necessidades fisiológicas que, devido à abstinência, chegam a sentir dores no sistema reprodutor, tanto meninos quanto meninas. Os homens chegam a ter febre. Sei exatamente o que acontece e o que sentem. Difícil manter a *Santificação* com a carne cheia de desejos, e muitos se sentem pecadores por terem esses desejos. Tenham calma! Deus nos criou e conhece cada célula de nosso corpo.

Uma solução para aliviar a tensão é praticar exercícios físicos e aderir a uma boa alimentação, uma ótima recomendação, pois alguns alimentos podem desencadear ainda mais a impulsividade e os desejos da carne. Talvez estejam me julgando por tratar de um assunto cheio de tabus e que não conversam na Igreja. Talvez se não houvesse tanta proibição de tratar certos assuntos, evitariam casamentos precoces e divórcios futuros, que é o que acontece muito. É o que acontece sempre quando, na verdade, deveriam aconselhar os jovens a estudarem, buscarem uma formação, uma estabilidade financeira, uma casa para morar com o cônjuge e, só depois, se casarem. Mas o medo desse jovem de se perder e ir para o mundo é tão grande que os pais, juntamente ao pastor, acabam empurrando-os ao casamento.

Na reunião de jovens, chegam a orientar para o jovem orar pela vida sentimental, além ainda de alguns professores dizerem que se casaram na idade deles. Eu acho um erro, principalmente para as jovens, meio que forçadas, fazendo a cabeça delas que, mesmo sem estudos, sem preparação, mas que devem casar-se logo, ficar à sombra do marido. E quando esse começa a humilhar a esposa, vêm com a conversa de que é preciso ter submissão. Vamos ter bastante calma quando se fala em submissão, é bem diferente de humilhação. "Vós, maridos, amai vossa mulher, como também Cristo amou a igreja e a si mesmo se entregou por ela [...]", e o capítulo segue ainda dizendo "Assim devem os maridos amar a sua própria mulher como a seu próprio corpo. Quem ama a sua mulher ama-se a si mesmo" (Efésios 5: 25 e 28).

Muitos se encantam pela beleza física e não avaliam a servidão a Deus do jovem que é alvo de suas intenções. Possuem uma pressa e ficam namorando um e outro trocando de parceiro com a mesma velocidade que os jovens mundanos que não possuem o temor do Senhor. Afinal, em que difere mesmo? Outro dia no ônibus tinha um casal que, pelas vestes, eram de alguma Igreja, mas estavam numa agarração tão grande que quem ficou envergonhada foi eu. Testemunho meus jovens, somos a luz no mundo, espelho de Cristo, ponderem! Dizem que é namoro com propósito, mas é um troca-troca absurdo de namorados e depois se precipitam e se casam cedo demais.

Tanto no mundo quanto na Obra de Deus, é um risco quando isso ocorre, pois chega determinado período em que se deparam com a realidade de que não é aquilo que querem para o resto de suas vidas. Assumem um compromisso sério no fogo da paixão e, quando passa, tudo se acaba. Segundo pesquisas, tanto americanas, quanto europeias, a química do amor, que é a paixão fulminante, pode durar de 12 a 48 meses, e se tiverem sorte podem levar à exaustão de 7 anos. É preciso muita sabedoria para discernir esse sentimento do amor verdadeiro. É preciso ter essa sabedoria. O que é amor? O que é paixão?

O triste mesmo é quando tantos os jovens, como os divorciados, ao perceberem que não encontrarão dentro da Igreja, resolvem procurar fora, eis um terreno perigoso. Já ouvi diversos relatos de que foram, encontraram a pessoa, evangelizaram-na e, enfim, seguem os dois juntos na direção do Senhor. Até conseguirem isso há um longo caminho a ser percorrido, e o perigo de um servo se contaminar com as coisas mundanas oferece riscos de queda espiritual. Vale a pena correr esse risco? "Não vos prendais a um jugo desigual com os infiéis; porque que sociedade tem a justiça com a injustiça? E que comunhão tem a luz com as trevas?" (2 Coríntios 6: 14).

Alguns casos acontecem de pessoas aceitarem ter uma vida nova, ser evangelizadas. Sabemos que há muitas pessoas lá fora a serem salvas esperando um coração bondoso que orem por elas e paguem um preço pela vida delas. Nesse caso, é necessário ter sabedoria e comunhão com Deus. Ele revelará o querer Dele, e basta obedecer que o querer de Deus é perfeito. Ele é zeloso e não permitirá que uma ovelha sua caia na boca de um lobo mundano. Se houver sabedoria, fidelidade aos meios de Graça, comunhão, tudo pode ocorrer bem.

O perigoso é quando um servo, mesmo sabendo de todos os procedimentos espirituais, ainda assim se inflama em paixões ardentes e desobedece. Casa-se fora da revelação, fora das buscas, longe do Senhor. Depois de certo tempo, começam as crises, os problemas sem soluções, a falta de respeito. Por mais que, depois de casados, o outro resolva ir para a Igreja, mas se Deus não tinha parte nesse negócio desde o começo, não passará a ter depois de um tempo. A Palavra de Deus não muda, e Ele é fiel para cumprir quando realmente é do querer Dele, mas quando não é, resta somente dor, sofrimento e, pior, uma vida sem direção, sem prosperidade, nada vai para frente. Quando aceitamos o projeto e passamos a seguir o desígnio de Deus, todas as coisas cooperam, e testemunhamos cada vez mais a operação do Senhor em nossos lares, em nossas vidas e para nossos filhos e netos.

Deus é tão misericordioso que, mesmo diante de um filho rebelde, desobediente, Ele continua a enviar seus cuidados. Tudo o que Ele mais quer é que o filho olhe para tudo que ocorreu e decida mudar o caminho e, dessa vez, ir em busca do que realmente lhe foi reservado desde a eternidade. Sofremos porque tomamos decisões erradas, por nossa conta. "Pelo que sai do meio deles, e apartai-vos, diz o Senhor, e não toqueis nada imundo, e eu vos receberei; e eu serei para vós Pai, e vós sereis para mim filhos e filhas, diz o Senhor Todo-poderoso" (2 Coríntios 6: 17-18).

O Senhor sempre se revela aos seus, mostra o seu querer, porém o homem se utiliza do livre arbítrio. Alguns casamentos começaram certinho, fizeram as buscas, houve revelações na Igreja. E por que não deram certo depois de anos de casados? A resposta é bem simples: deixaram de vigiar, deixaram de buscar pelo casamento e pela harmonia no lar. Baixaram a guarda para as investidas malignas.

Saibam que, para toda bênção, oramos para recebê-la e precisamos continuar orando para que seja mantida. Temos a bobagem de nos confiar, que só porque já recebemos, então já fomos abençoados, pronto e está tudo certo. Não é bem assim, o inimigo não descansará até encontrar uma brecha para destruir, ele está ao derredor pronto para atacar.

Muitos lares de servos desfeitos, inclusive casamento de pastores, por que não? Todos estamos vulneráveis aos ataques e somente muita vigilância e busca pelas armas espirituais para que se mantenham firmes.

Refiro a casamentos construídos certinho, debaixo da Graça de Deus e consentimento Dele, oração da Igreja e outras buscas. Imaginem um casamento com jugo desigual, nos quais os lares são divididos? A crença de um e a descrença de outro e uma guerra infinita com os filhos no meio dessas farpas pontiagudas, um desses filhos será atingido com toda a certeza. "E, se alguém quiser prevalecer contra um, os dois lhe resistirão; e o cordão de três dobras não se quebra tão depressa" (Eclesiastes 4: 12). Esse versículo faz uma referência tão linda sobre o que é o casamento, o casal e Deus, cada um representa uma das dobras e que juntos não se romperá tão facilmente. Deus tem sempre um propósito e, se você se casou e se encontra nessa situação, o Senhor te prometeu que vai resgatar teu cônjuge, te pede para esperar, cabe a você usar o livre arbítrio e medir se vai ou não aguardar a mudança. Mesmo assim, caberá ao seu parceiro se vai aceitar a mudança, a pessoa precisa receber as orações, Deus não força a entrada no coração de ninguém.

Jesus não se casou, e Paulo, ao ficar viúvo, também não quis mais nenhuma esposa. Eu só posso é me apegar ao pensamento de que casamento é muito bom, construir uma família, ter filhos, mas isso, muitas vezes, é apenas uma regalia e um capricho. Ou mesmo não se rendem aos desejos da carne e pecam, casam-se e, assim, ficam isentos do pecar contra a carne porque, segundo a lei, precisa ser dentro das leis, para não se profanarem. Reconheço que há uma guerra da carne contra o Espírito e àquela que for mais alimentada vencerá. "Digo, porém: Andai em Espírito e não cumprirás a concupiscência da carne. Porque a carne cobiça contra o espírito, e o Espírito, contra a carne; e estes opõem-se um ao outro; para que não façais o que quereis" (Gálatas 5: 16 – 17).

"E os que são de Cristo crucificaram a carne com as suas paixões e concupiscências. Se vivemos no Espírito, andemos também no Espírito" (Gálatas 5: 24 – 25). Então que eu mate a carne e que vivifique meu Espírito, para que encontre paz e santidade em Cristo, e que eu possa dizer em alto e bom tom que estou pronta para a partida ao encontro do Senhor.

CAPÍTULO 37
AS MARCAS DA PROMESSA

De todas as marcas que meu corpo possui, emocionais e físicas, aquelas que mais me ensinaram foram as marcas em meus joelhos. Elas representam para mim o momento que possuo de intimidade com o Senhor. Por meio delas, aprendo que é de joelhos que posso permanecer de pé perante as lutas, que percebi o quanto posso amar o meu próximo e perdoá-lo; foi também por meio delas que pude contemplar a glória de Deus e sua fidelidade, todo seu amor por mim e o quanto sou dependente Dele, das vitórias alcançadas, o confiar mesmo em meio às tempestades.

Oh Senhor, foi me encurvando perante a ti que pude ter a certeza do tamanho do teu amor por mim, mesmo sem eu merecer. O ajoelhar em condição de humilhado que somos e exaltados perante as adversidades. É no ajoelhar que criamos mais intimidade com o Senhor. Um crente fiel sabe da necessidade da busca constante para prosseguir em meio a esse mundo de perseguições. Oramos e buscamos sem cessar porque as portas da Graça são infinitas. Quanto mais buscamos, mais o Senhor estende suas mãos e jamais ficará encolhida, sempre pronto para abençoar.

É preciso sabedoria até para conversar com Deus. Muitos fazem suas petições e impõem que sejam atendidas, mas entenda que tudo pertence a Ele, tudo é Dele e para Ele. Jesus orou: "[...] dizendo: Pai, se queres, passa de mim este cálice; todavia, não se faça a minha vontade, mas a tua" (Lucas 22:42). O próprio filho pede ao pai para o livrar, todavia não se faça a vontade Dele, e sim a do pai que está no céu.

É necessário entender que, quando nos prostramos para orar, precisamos estar de corações limpos, não há como sermos atendidos se, em nosso peito, existe uma raiz de amargura. "[...] tende cuidado de que ninguém se prive da graça de Deus, e de que nenhuma raiz de amargura, brotando, vos perturbe, e por ela muitos se contaminem" (Hebreus 12:15). Um coração que não libera o perdão. "Assim vos fará também meu Pai celestial, se do coração não perdoardes, cada um a seu irmão, as suas ofensas" (Mateus 18:35). Com rancor, mágoas, é impossível alcançar as misericórdias de Deus. Ele esquadrinha nossos corações, sonda e conhece as nossas intenções. Não há como sermos ouvidos e atendidos quando em nossos corações habita o rancor e, pior ainda, por não liberarmos o perdão para aquele que nos feriu.

O que tento demonstrar aqui são algumas situações que ocorrem e que podem ser motivos de não termos as orações atendidas. O Senhor é quem sabe de todas as coisas e sabe também o que é melhor para nossas vidas. Pecamos por não saber orar corretamente. Ao perceber que não somos atendidos, entristecemo-nos porque não vemos logo o mover de Deus. É necessário saber que tudo tem um tempo determinado para acontecer ou não acontecer e, ao percebermos que nada ocorre, começamos a duvidar, entristecer, e vem o perigo, porque onde entra a razão, o Espírito se cala. Quando confiamos na supremacia e majestade de Deus e de todo o seu poder, cremos que tudo ficará bem e, mesmo em momentos de angústias, Ele não perde o controle de nossas vidas e tampouco nos deixa sozinhos. E acaso algo não tenha ainda se resolvido é porque não chegou a hora.

Quando Deus quer falar conosco, somos levados ao deserto para termos os corações esquadrinhados. "E te lembrarás de todo o caminho pelo qual o SENHOR, teu Deus, te guiou no deserto estes quarenta anos, para te humilhar, para te tentar, para saber o que estava no teu coração, se guardarias os seus mandamentos ou não" (Deuteronômio 8:2). Deus sonda e conhece o recôndito de nossas almas. Nós é que, às vezes, desconhecemos quem é Ele para nós e, por meio da experiência no deserto, criamos intimidade e dependência Nele.

Então eu oro: "inclino-me para ti meu Deus e posso ter a certeza de ouvir a tua voz a falar comigo a me consolar e dizer que vai ficar tudo bem". Foi assim que várias vezes iniciei uma oração em prantos, e o teu consolador foi tão piedoso que tirou toda dor por completo.

Meu Senhor, permanecerei assim, de joelhos, orgulhosa das minhas marquinhas da promessa, porque delas provo do teu amor constantemente e sei que alcançarei o meu galardão.

CAPÍTULO 38
DEUS VAI TE HONRAR, CREIA!

Você não é covarde quando decide mudar de um lugar para outro. Você não é covarde por deixar para trás todo aquele passado que tanto te maltratou. Não é apenas questão de perdoar, perdoar é fácil, difícil é esquecer tudo que te fez mal. Como servos, oramos e perdoamos quem nos maltrata, mas não conseguimos esquecer. É uma ferida latente, que vez ou outra volta a sangrar porque foi forte demais o que fizeram, e escorrerem as lágrimas é inevitável.

As lembranças estão impregnadas nas pessoas, nas paredes, nas ruas, nos lugares, numa música, numa fotografia ou até num perfume e, muitas vezes, nem precisa de um gatilho. As lembranças brotam de uma hora a outra, e rapidamente já estamos envoltos nos pensamentos.

Às vezes, mudar de lugar é uma necessidade imediata, antes que esse passado que tanto tentou te destruir acabe com suas últimas forças. Mesmo estando para trás, ele insiste em voltar a ser presente porque sempre fica algo enraizado, um elo que tempo algum ou distância pode quebrar e que te persegue ainda.

Eu saí de minha cidade natal e agora, após um longo tempo distante, vejo que é hora de voltar lá porque deixei uma vida inteira e não aguento mais de saudades de minha mãe. Sinto pavor só de imaginar neste momento, já tive vários pesadelos, principalmente em situações que tentei sair e ficar presa para sempre naquela cidade. Criei este medo pelo tanto que sofri, de todos os lados vieram as decepções e não sinto desejo de voltar nem mesmo para visitar. Voltarei de cabeça erguida, como vitoriosa, enquanto tantos fizeram torcida contrária, Deus prometeu e está cumprindo, está me honrando.

Por isso, eu aconselho a cada irmão que não deixe teu passado te condenar, te destruir e tirar o brilho de esperança em seus olhos! Reinvente-se! Mude o corte de cabelo, emagreça, se for o caso, busque novos horizontes. Abra suas asas e sinta a força do vento soprar e te impulsionar para o alto, olhe para cima, sempre para cima, e vai subindo. Quanto mais se sobe, mais linda é a vista, mas se, ao subir, você quiser olhar para baixo, então olhe e verás a distância que se tomou e quão minúsculo são e incapazes eles são de te alcançar. Acorda porque este é o teu voo da vitória. O céu é o limite.

CAPÍTULO 39

A PALAVRA DE DEUS ESTÁ SE CUMPRINDO!

Apesar de o mundo estar consumado e saber que tudo que está havendo são profecias se cumprindo, como servos, temos o alento que toda a Palavra será cumprida. Mas como viver e se esquivar de todas essas investidas? O Senhor Jesus nos prometeu: "Não vos deixarei órfãos; voltarei para vós" (João 14:18). Ele tem cuidado, tem lançado de seu amor, de sua fidelidade e cada vez mais tem se revelado aos seus nesta última hora.

O problema é que muitos servos estão se deixando inflamar, ser tomado pela ira e pegando para si causas das quais não são necessárias, porque o intuito mesmo é quebrar a comunhão que demoramos tanto para conseguir. Começam os debates e embates a ponto de se irritarem com mensagens abomináveis, e isto em rede social, onde todos têm acesso.

Aos poucos, eu fui deixando de lado muitas dessas questões que causam a revelia de um grupo seleto de amigos. Um lado se levanta em favor e outro contra, e começam as discussões, cada um querendo mostrar suas verdades. E sendo assim, fui deixando de postar questões polêmicas, depois de custar alguns amigos e vários bloqueios.

Hoje em dia, tenho cuidado para evitar esse tipo de situação. Mesmo postando, em sua maioria, algo relacionado à Palavra de Deus, mesmo assim alguns se levantam e tudo é motivo para me avaliarem, para me julgarem em demasiado, por verem que sou serva de Deus e uma evangelizadora. Então procuram qualquer motivo para criticar.

Percebo que muitas pessoas entram na internet como se estivessem entrando em um ringue, dispostas a matar ou morrer metaforicamente falando ou diretamente se referindo à morte espiritual mesmo. Cuide cada um de sua Salvação e vigiai sem cessar. Quando a Palavra diz isso é para que, em nosso coração, apenas em nosso coração, possamos dizer não ao pecado e mantermos a santidade. Isso não quer dizer que vá a fio de espada duelar.

Podemos ter opinião política, religiosa e tantas mais questões que nos exigem um posicionamento como cidadãos, mas isso não quer dizer que é necessário exposição e, pior ainda, debates acalorados causando inquietação. Isso é ser sábio? É tudo que o Diabo quer. A Bíblia diz para não nos conformarmos com esse mundo que é podre e só faz apologia ao que é errado. Como servos, devemos estar em Cristo. "E não vos conformeis com este mundo, mas transformai-vos pela renovação do vosso entendimento, para que experimenteis qual seja a boa, agradável e perfeita vontade de Deus" (Romanos 12:2).

É possível tomar um posicionamento sem prejuízo espiritual, em sigilo e sem alardes. Faça a diferença seja lá qual for a polêmica da vez. Restaure seu equilíbrio, mantenha a santidade, sem a qual ninguém verá a Deus. A Palavra diz: "E disse aos discípulos: É impossível que não venham escândalos, mas ai daquele por quem vierem!" (Lucas 17:1).

Somos servos em constante busca e pedindo para que Jesus volte. Estamos em comunhão e olhando para o alvo, e o mundo solta mais uma polêmica, e paramos de olhar para o alvo para nos confrontar e nos encher de ira. Por um instante apenas, mas o suficiente para sair da caminhada. E, dessa forma, lá se foram horas de jejum, oração na madrugada, clamor...

Querendo ou não, a Palavra vai se cumprir, e o povo que espera ansioso ver a face de Cristo precisa estar preparado a cada nova polêmica, porque é a certeza da vinda de Jesus. Se tivermos que gritar, será: "Maranata, ora vem Senhor Jesus!".

CAPÍTULO 40
VOCÊ NÃO ESTÁ SOZINHO!

É difícil imaginar que Deus jamais nos abandona, principalmente quando o momento que estamos vivendo faz doer até os nossos ossos. Quanta dor precisamos passar. Como não imaginar que estamos sozinhos diante da morte de um filho? Diante da morte de nossos pais? Diante da enfermidade ou mesmo diante de uma porta de emprego fechada de uma hora para outra, e olhamos para os lados e não encontramos saída, como não pensar?

De imediato, vem a razão humana, fraqueza, ausência de fé, e logo começamos a indagar: por que me abandonaste, Senhor? Por que permitiu que isso acontecesse se tua vontade é sempre boa? Prometeu que jamais me deixaria, e agora me sinto só.

É preciso entender que Deus é quem nunca nos abandona. Ele não nos deixa nem mesmo quando passamos pelo vale. E é nesse momento que, em seus braços, nos carrega. Ele não perde o controle de nada, e tudo está debaixo de seus olhos e de seus cuidados. O seu cuidado sobre a criação é tão grande que até mesmo para uma folha seus olhos estão voltados e só caem da árvore sob sua permissão.

Existem dois tipos de vales, de lutas: aquele que nós mesmos escolhermos passar e aqueles aos quais somos acometidos sem nem mesmo esperarmos, mas é preciso compreender que, em ambos os casos, Deus permite a nossa passagem porque é preciso, porque somente na dor é que somos capazes de analisarmos e, principalmente, é o momento em que criamos comunhão e intimidade com Ele; é nesse momento que temos os corações sondados. Porque é na fraqueza que Deus se aperfeiçoa em nós.

Na Bíblia, podemos encontrar, em 2 Coríntios 12:10: "Pelo que sinto prazer nas fraquezas, nas injúrias, nas necessidades, nas perseguições, nas angústias, por amor de Cristo. Porque, quando estou fraco, então, sou forte". O propósito é vencer o vale, é sairmos vitoriosos na certeza de que não estivemos sozinhos e jamais ficaremos.

Nas noites que passamos acordados, chorando e sem saber a solução para os nossos problemas, o Espírito Santo esteve sempre conosco, recolhendo nossas lágrimas. Sabemos o que fazer para diminuir a dor, dizemos que Deus se cala quando, na verdade, somos nós que deixamos a razão falar mais alto do que a nossa Fé. Se o buscarmos, Ele responderá, apontará o caminho.

Precisamos entender que Deus é o Senhor do amanhã, Ele já está lá com a resposta que necessitamos. Está só esperando o momento certo para entregar a bênção, e o período no deserto nos ensinará a valorizá-la quando enfim chegar a hora. Enquanto isso, sentimos o toque do Espírito a acalentar, trazer alívio, conforto, renovar a esperança e nos dar renovo espiritual a cada vez que o buscamos.

Precisamos estar prontos, lembra? Somos vasos e somente na fornalha é que o vaso sai de lá perfeito. "Bem-aventurado o varão que sofre a tentação; porque, quando for provado, receberá a coroa da vida, a qual o Senhor tem prometido aos que o amam" (Tiago 1:12).

O mais importante é ter a certeza de que não estamos sozinhos durante as provas. É possível sentir o mover de Deus e operar milagres em nossas vidas e que as palavras são poucas para descrever. Tamanha é a majestade de nosso Deus.

Passemos pelas provas sem murmurar com a certeza de que, mesmo na angústia, vamos glorificar, porque, quanto mais glorificamos, mais nos convencemos de que não estamos sozinhos e temos a certeza de que essa fase vai passar e que Deus tem o controle do mundo em Suas mãos. Portanto, descansemos, amados irmãos. Suportemos só um pouco mais, porque a nossa fidelidade agrada ao Senhor, e em breve poderemos contemplar o milagre que Deus separou para nossas vidas!

CAPÍTULO 41
A TUA VIDA É UM PROJETO DE DEUS!

A maior certeza que pude ter durante minha caminhada espiritual foi a grandiosidade do amor de Deus por minha vida, eu que cresci imaginando que nada fazia sentido, a mais rejeitada por todos, a filha menos amada de meu pai, a aluna que alguns professores não gostavam. De graça, as pessoas me perseguiam e me maltratavam. Demorei a compreender o motivo de tantas investidas contra mim. Quando comecei a conhecer a Palavra e ver todo sofrimento que José passou, Paulo que, de perseguidor, passou a ser perseguido, Daniel, Davi perseguido por Saul e tantos outros que hoje estão na galeria dos heróis da fé na Bíblia.

Nada é por acaso, fomos eleitos e somos escolhidos desde a eternidade para vir aqui e provar deste amor do Senhor, socorrer vidas em mesmas condições que olham para nossa fortaleza e estão a resistir porque viram que estamos de pé. Então eles podem suportar um pouco mais as provas sem se despedaçar.

Somos projetos do Senhor, enviados para uma missão e separados desde o ventre de nossas mães. "Antes que eu te formasse no ventre, eu te conheci; e, antes que saísse da madre, te santifiquei e as nações te dei por profeta" (Jeremias 1:5). Essa é uma das passagens bíblicas das quais mais gosto de repetir, porque foi por meio dela que percebi a certeza do amor de Deus por mim.

Hoje eu consigo compreender tudo que passei, tenho respostas. Quantos neste momento estão sofrendo sem compreender o motivo de tanta dor e desgraça, mas saiba que há um propósito. Eu entendo que tudo que passei foi para saber com riqueza de detalhes cada situação de desespero. Perder um filho, ser rejeitada, ser traída, abusos, depressão, tentativa de suicídio, entre tantos momentos que me rasgaram por inteira.

Havia momentos em que eu me imaginava em meio às águas dos oceanos sem proteção nenhuma, e vez ou outra surgia uma boia que me mantinha viva por um tempo determinado. Porém, logo era preciso soltar a boia e voltava a me afogar de novo e cansar até as forças se esvaírem. Então Deus enviava outra boia. Eu imagino essas boias como providência do Senhor para não me deixar desistir. Ele sempre nos amparará, mesmo que o filho esteja na desobediência, no oceano do engano e resistindo à rendição. Em Salmos 32:8, está escrito: "Instruir-te-ei e ensinar-te-ei o caminho que deves seguir, guiar-te-ei com os meus olhos".

Foi preciso passar para saber quem é Deus para mim, que Ele é meu consolador, que seus olhos estão voltados para mim com amor. Vejo ainda outro motivo para necessitar passar, e foi para que eu soubesse exatamente a dor que sente cada pessoa que vier pedir por socorro. Eu sou uma boia para muitos que se encontram afogando no oceano. Auxilio diariamente várias pessoas, e cada relato eu sei exatamente onde está doendo e a dimensão dessa dor, e sei o que dizer para que amenize, ensino os passos em que devem andar para terem uma vida de comunhão com Jesus Cristo.

É certo que as lutas não vão diminuir, mas ter a certeza de que não estamos sozinhos, que seu Espírito sempre virá conduzir e aliviar a dor em nosso peito, enquanto somos renovados, é a certeza de que logo todas essas dores passarão, que receberemos a nossa coroa, o nosso galardão, porque não desistimos e iremos para a eternidade onde não haverá mais dor nem pranto.

O Senhor determinou nossos dias desde que fomos separados na eternidade e colocados no ventre de nossas mães. Já havia escrito cada batalha que enfrentaríamos. Mesmo com nosso corpo sem forma nenhuma, Ele já nos conhecia, sabia nossa história, nossos nomes, nos chamava de filhos desde aquele momento. Como não amar esse Deus? Amou-me antes que eu tivesse forma de gente! Contou nossos dias, preparou o projeto que a cada um é dado para realizar aqui na Terra, e que, ao ser cumprido, retornaremos.

Não temermos a morte por carregar o nome de Jesus e por pregar o Evangelho, ela foi vencida na Cruz. O máximo que ela pode fazer ao cristão e devolvê-lo para os braços de nosso Pai, e nada nos calará mesmo diante de afrontas. Precisamos aprender a confiar na mudança, no processo da mudança.

Ele pode te tirar de sua posição, até então estática, e te lançar a Quilômetros de distância para realizar uma grande obra. Se observarmos, muitos dos escolhidos deixaram sua parentela para realizar o Projeto do Senhor. Não precisamos entender, exigir respostas, apenas confiar.

Seja obediente e busque a todo instante a orientação e direção Dele. Entregue-se sem medo. Quando parti sozinha de minha cidade, e todos não entendiam o que eu estava fazendo, abandonando meu maior tesouro, que são minhas filhas, minha família, meus amigos, parti olhando somente para o alto, para o alvo e prossegui. Eu sei que este era o certo a se fazer, uma vez que todas as portas se fecharam. Ali não era mais o meu lugar, e eu sentia isso no meu coração.

Eu orei muito pelas pessoas que foram perversas comigo, que me humilharam, apontaram o dedo, em todos os departamentos de minha vida, e o lugar que mais doeu foi dentro da Igreja. Onde esperamos receber conforto, consolo, refúgio das guerras do mundo lá fora, quando percebi, foi só dor e perseguição. Eu não carrego mais dor em meu peito, nem mágoa. Depois de tanto orar, Deus me revelou que, quando Ele quer agir em nossas vidas, Ele usa até quem não é Dele para que a gente se mova. Tudo foi necessário, por isso, o Senhor permitiu a dor, para eu entender que precisava sair daquele lugar.

Quem sabe, se eu não tivesse passado por tudo isso, eu não teria tido coragem suficiente para partir apenas com uma mala de roupas, para recomeçar minha vida do zero e, dessa vez, na direção que Ele mostrar. Nada mais construo, não projeto mais nada sem que tenha a devida direção do Senhor, porque é como construir um castelo na areia.

Por mais distante que possamos nascer do Projeto que Deus reservou para nossas vidas, certo é que todas as coisas cooperarão para que esse te seja apresentado e que precisamos realizá-lo. Este livro é parte do meu projeto que um dia me foi apresentado. Os pensamentos revelados diariamente, os vídeos evangelizando e louvando a Deus, tudo faz parte de um grande projeto. As maiores batalhas são dadas aos melhores soldados, mas a cada um é dado, e precisamos realizar com primor.

O que mais quero no momento é poder realizar tudo aquilo que me foi designado quando, em uma visão, eu vi a mão e Deus me separando lá do meio de vários, e disse: "agora é a sua vez, vá e realize aquilo que separei para ti". Então eu vim para cá e estou a realizar. Agradeço ao Senhor porque, diante de todas as lutas levantadas, Ele me manteve firme até aqui. Louvado e Engrandecido seja porque concluí, neste momento, este livro todo revelado por ele, muitas experiências no decorrer de sua produção. Mais uma etapa vencida. Amém!

CAPÍTULO 42
PENSAMENTOS DE KARLA

Não perca tempo guardando mágoas de pessoas que você ama. A vida passa rápido demais e não se sabe qual será a última vez que verás quem te ama. Por isso, ame mais, abrace mais, beije o quanto for possível, não se envergonhe de demonstrar seus sentimentos, mesmo que não sejam recíprocos. A Palavra de Deus ensina que devemos amar independentemente de sermos correspondidos. O importante é viver a vida imensamente, mesmo que o outro não demonstre amar com a mesma intensidade, pois não se sabe se essa pessoa te ama, com todas as suas forças.

#pensamentodekarla

***

Plantei o meu jardim, reguei diariamente, cuidadosamente zelei por ele. Quando as flores haviam brotado, quando o jardim estava no auge do seu esplendor, alguém, sem pedir licença, colheu todas as rosas... Entristeci-me; quanto trabalho tive! E alguém, sem pestanejar, destruiu meus sonhos...

Mas lembrei que a durabilidade das rosas é passageira, olhei para o jardim e já não havia mais a beleza de outrora, porém não haviam levado o principal: os caules e as raízes ali permaneceram. Logo percebi que, se eu novamente regasse meu jardim, não demoraria tanto para nascerem novas rosas; percebi também que as rosas que viriam também morreriam, todavia nasceriam outras, sempre mais e mais, pois a essência da roseira se manteria viva: suas raízes... Cuide de suas raízes (Deus, família, amigos e seus sonhos), neles estão a sua força em recomeçar.

#pensamentodekarla

***

Pessoas passarão por sua vida. Algumas farão questão de ficar, mesmo que distante fisicamente, mas próximas demais para enviar uma mensagem. Aquelas que se forem, essas deixarão marcas, às vezes, profundas e um ensinamento. As que ficarem, valorize! Mas valorize porque, apesar de tudo, permaneceram nessa árdua caminhada que é a vida e decidiram ficar do teu lado, mesmo enfrentando suas neuras, seus choros, gritos, entre outros momentos de crises. Ninguém passa pela sua vida por acaso: ou deixa um ensinamento ou te ama demais a ponto de ficar.

#pensamentodekarla

***

Deus te ama tanto, sabe do teu amor, da tua fidelidade e sabe, principalmente, as tuas necessidades. Ele te concederá muito mais além do que tens pedido. Tua bênção é tão maior que aquilo que você merece. Ele te dará muito mais do que você almeja porque se agrada de ti. E quando as bênçãos chegarem, não rejeite, não se assuste, achando que não merece; é isso mesmo! Deus nos abençoa com muito mais do que imaginamos merecer. APENAS RECEBA E GLORIFICA!

#pensamentodekarla

***

Senhor, quando penso em desistir, Tua voz me consola e me encoraja a prosseguir. Obrigada por permanecer firme nas promessas, me perdoa se às vezes a fé costuma falhar, sei, Senhor, que Teus planos são maiores e melhores que os meus. E por fim se cumprirão em minha vida.

#pensamentodekarla

***

É tão mais fácil culpar a Deus por tudo aquilo de ruim que nos acontece. É tão mais confortável dizer: "Deus quis assim". É bem melhor culpar alguém e esquivar-se das responsabilidades. Mas já parou para pensar que, às vezes, foi você que agiu de má fé? Que você mentiu ou mesmo foi bem detestável com o seu próximo ou com os animais? (Ação e reação).

Pode até ser que algo ruim venha a acontecer para que você enxergue que há algo melhor lá na frente, porém boa parte do que acontece hoje foi algo errado feito lá atrás. Basta saber discernir... Pense antes de agir e assuma as consequências.

#pensamentodekarla

***

Somos como anjos na Terra, trabalhando para o Exército de Cristo, socorrendo pessoas aflitas, sedentas da Palavra do Senhor, que servem de consolo e refrigério, que aninham no colo daquele único, que apenas com um toque, com apenas uma palavra, todos os nós se desfazem, retira de uma vez por todas toda a dor do peito. Sim, eu sirvo a este Deus, vim para servir e ajudar a resgatar os escolhidos que ainda se encontram perdidos nesse mundo.

#pensamentodekarla

***

Acalme-se e confie em meio ao caos. Temos um Deus soberano que fala conosco o tempo todo e que jamais desampara. Nós é que deixamos de buscá-lo por alguma circunstância.

Ele não abandona seus servos amados. Consulte ao Senhor, não tome decisões que possam trazer consequências desastrosas. Tudo quanto for fazer, consulte ao Senhor. Ele te responderá com toda a sua solicitude.

#pensamentodekarla

***

Nunca confronte o inimigo, se ele incomoda, não perca a compostura, nem a paciência, apenas concorde, aceite as imposições, porque quem peleja por ti é o Senhor, Ele vai te honrar e te exaltar perante teus inimigos no momento exato. Apenas ore, clame pelo Senhor que Ele entrará com grandes providências. Nunca vi um justo sem resposta. O importante, meus amados, é continuar confiando no Senhor, mesmo quando nada fizer sentido, mas descansar Nele, ter a certeza de que os planos Dele são muitos melhores que os nossos.

#pensamentodekarla

***

Quem somos nós? Somos aqueles de vestes brancas, que vieram de grandes tribulações. Sobre nossas cabeças, havia sentença de morte. Mas Teu sangue, Senhor, nos resgatou! A Tua Graça nos alcança, Senhor, tamanho foi teu amor naquela Cruz, que nos alcançou. Que posso dizer eu? Louvado Seja. Toda Honra e Toda Glória sejam dadas a Ti, Senhor.

#pensamentodekarla

***

Fomos contados para a morte, sobre nossas cabeças, havia um juízo de morte, mas Deus nos livrou, não deixou que a sentença tocasse em nossas vidas, por isso somos gratos. Nosso louvor e nossa oração são de gratidão a Deus por nos livrar das armadilhas de Satanás. Nossa gratidão chega aos céus e volta como bênçãos para nossas vidas, nossos lares, nossos familiares e todos que amamos. Só Tu é quem tem Palavra de consolo, Senhor, é quem nos ama incondicionalmente, nos amou primeiro, nos escolheu, nos separou desde o ventre de nossas mães.

#pensamentodekarla

***

Todas essas coisas sobrevirão e hão de acontecer, para salvar aqueles que ainda estão por salvar, até a chegada do Grande Dia do Senhor. Deus está permitindo a aflição, para salvar aqueles que ainda faltam, mesmo que seja na dor. Muitos de nós também o buscamos e estamos servindo-o, depois de termos ido pela dor. Deus é misericordioso, louvado seja!

#pensamentodekarla

***

Mesmo pecadores como somos, nos amou, mas é nesse momento de dor, em arrependimento por pecar em nossas que te buscamos, desejamos estar na Tua presença, com cânticos de gratidão em nossos lábios por nos perdoar e nos fazer vencedores.

#pensamentodekarla

***

"E eu achei uma coisa mais amarga do que a morte, a mulher cujo coração são laços e redes, e cujas mãos são grilhões; quem agradar a Deus escapará dela; mas o pecador virá a ser preso por ela" (Eclesiastes 7:26).

Muitos encantados pela carne, pela jovialidade de muitas. Presos nos laços (Laço do Passarinheiro, Salmo 91). Principalmente dentro das Igrejas, muitos encantados pela beleza física – pobres enganados. O amor é como a Palavra de Deus, olham, mas não sentirão jamais a essência se não tiverem firmados na Comunhão com o Espírito e muito menos a simplicidade de um coração humilde.

#pensamentodekarla

***

Às vezes, criamos prisões das quais julgamos difíceis de sair. Usamos a desculpa de que "estou orando e esperando em Deus" e não criamos coragem para tomar uma atitude. O Senhor nos prometeu que estaria conosco por onde quer que andemos. Coloque essa situação na presença Dele. Se, para entrar, você não consultou ao Senhor, mas, para sair dessa situação, consulte-o, Ele te conduzirá e, se for pra você sair, Ele te dará condições, te sustentará e suprirá todas as necessidades. Entenda que boa parte do que sofremos nessa vida é sofrimento que nós mesmos, pelo livre arbítrio, escolhemos passar.

#pensamentodekarla

***

Apenas confiar todos os nossos caminhos, todas as decisões a Ele, e Ele sempre fará o que for melhor. Mesmo não compreendendo, precisamos aceitar e Glorificar... Ele tem e sabe o que é melhor para as nossas vidas. Louvado seja. "Mas agora, que se trata de ti, te enfadas; e tocando-te a ti, te perturbas" (Jó 4:5).

Irmãos, as lutas não têm sido fáceis para o povo de Deus. Todos temos uma luta, que causa a mesma dor e angústia para cada indivíduo. Para o servo fiel, é de luta em luta. Não posso dizer que minha luta é maior ou menor e, muito menos, desprezar um irmão por achar que sua luta é pequena. Irmãos, cada batalha é dada conforme o soldado, e Deus conhece nossos limites e nossas condições de superar.

Esforça-te e tenha bom ânimo servo, porque, se tem lutas, é porque Deus te ama e tem propósitos na tua vida. O inimigo não se aquieta, pois sabe que a vitória é garantida.

"Quanto mais amados, mais provados." Crente sem luta não conquista a salvação.

#pensamentodekarla

***

SOCIEDADE DIZIMADA

Nunca a sociedade viveu momentos de tanta individualidade e rejeição ao próximo como agora. O egocentrismo de forma imensurável. Os relacionamentos se tornaram algo banal, tanto para amigos como para amores. Frustração, decepção, ilusão, entre outros sentimentos visíveis e mais evidentes a cada dia, que são empurrados goela abaixo. Morra sufocado se quiser, adquira uma depressão se quiser, uma ansiedade, uma síndrome do pânico, do complexo de abandono, problema é teu, quem liga? E ainda há quem vá te julgar dizendo que tu tá de frescura e que tu não tem fé em Deus, por isso tá doente, mas ir lá bater na porta para perguntar se precisa de algo não vai, não tem tempo, afinal, "já bastam os meus problemas" – é o que dizem. Não custa ser humano e ter o mínimo de compaixão pelo próximo. O amor se esfriou, como diz a Palavra de Deus, e só podemos é pedir socorro para o único que jamais abandona: Jesus!

#pensamentodekarla

***

"Às vezes me pergunto por que pessoas ruins sempre se dão bem nessa vida. Por que servos de Deus passam por tantas lutas, perseguição, chantagem, rejeição, calúnias e algumas perdas irreparáveis? A nossa riqueza, a nossa bonança, nosso Galardão não são para esta vida. Sabemos que Jesus, ao buscar sua Igreja amada, será o momento da nossa vitória. E aqueles que ficarem (os que buscaram privilégios para essa vida) desejarão que os montes desabem sobre eles. Clamarão pela morte, e esta não mais existirá".

#pensamentodekarla

***

Mesmo que eu olhe e todos os caminhos se desfaçam, queiram me levar para um imenso abismo, ainda assim continuarei a acreditar que o melhor está por vir, posso sentir Senhor, Tua promessa começar a se cumprir em minha vida. Aguardarei pacientemente e, como uma Valente, sei que devo lutar.

Mesmo que tudo me decepcione nas pessoas, mesmo sendo humilhada, traída e ignorada, mesmo passando pelas piores dores, não deixarei de acreditar que, em algum lugar, alguém merece o meu amor, a minha confiança. Se Deus, que sabe de todas as coisas, ainda não desistiu dessa humanidade, é porque sabe que em algum lugar haverá alguém digno de ser salvo no dia da volta do Grande Rei. Então continuarei porque sei que a Glória da segunda casa compensará toda lágrima.

#pensamentodekarla

***

VOCÊ É MUITO, MUITO IMPORTANTE PRA DEUS!

Vês a natureza? Já olhou a perfeição em que foi criada? Tudo feito para trabalhar em perfeita harmonia e em teu favor, servo. Vês a folha? Não cai uma folha sem o consentimento de Deus. Pare e olhe a função da folha que, até quando se decompõe, tem uma finalidade pro meio ambiente. E por que achas, então, que Deus perdeu o controle de sua vida? Filho amado, criado à imagem e semelhança Dele. Ele te ama e tem cuidado de cada detalhe com perfeição. Mesmo que olhe e não encontre sentido em algumas situações, tudo é necessário para o teu crescimento.

#pensamentodekarla

***

DEUS ACIMA DE TODAS AS COISAS

Existe um momento na vida em que paramos de culpar as pessoas que nos fizeram mal, paramos de sofrer pelas coisas que não deram certo. Não podemos depositar confiança demais nas pessoas, nem amar demais, nunca colocar alguém acima de nossas vidas. Só Deus está acima de todas as coisas. Infeliz do homem que confia no outro homem, é bíblico. Ame seu próximo, mas não mais que a ti mesmo.

Precisamos, em todo tipo de relacionamento, impor os limites necessários para que essa não venha causar danos, às vezes, permanentes. Calcar nossos pés e assim vamos seguindo um passo de cada vez. A solução está em cada um de nós. Mesmo que nessa busca incessante pela felicidade possamos sofrer, tendo que abandonar quem não merece ir para frente conosco. E aqueles que ficarem, sejam pessoas que nos acrescentem, somem, multipliquem, e nunca jamais diminuir ou dividir.

#pensamentodekarla

***

AMOR, ETERNO AMOR DE MÃE

Que a cada Dia das Mães, o meu carinho vá para os filhos cujas mães já partiram dessa vida, poder sentir um pouco da dor que habita em seus corações nessa data tão dolorida. Em pensar que todos congratulam e se abraçam, outros são egoístas e nem uma visita fazem para sua mãe. E você não conseguir entender que tudo o que mais queria era aquele abraço quentinho e demorado, que ficou na memória...

O meu abraço vai para vocês que perderam o amor mais sincero desta vida, depois de Jesus. Ela é aquela que daria a vida no lugar da sua, mil vezes se preciso fosse. E se cabe um conselho: seja a melhor mãe, o melhor pai que poderia ser para os seus filhos, entregue para o seu filho toda a herança de amor que sua mãe te deixou. Isso jamais será esquecido e será passado de geração em geração. E quiçá você não tenha tido uma boa referência de mãe, haja diferente e quebre a corrente de maldição dentro do seu lar, disseminando o amor que é a melhor herança deixada para seus filhos e netos, isso dinheiro nenhum no mundo poderá substituir. Um texto escrito por mim:

Com carinho especial para minha mamãe, Iva Maria, que perdeu sua mamãe.

#pensamentodekarla

***

A TUA INFINITA GRAÇA ME BASTA

Desde o dia que firmei os meus pés na rocha que é Jesus, de lá para cá, venho sofrendo perdas que jamais imaginei que conseguiria suportar. Estou órfã de pai, de mãe, de filhas, não tenho marido, nem amigos como antes e até fora do meu ofício. Aos poucos, estou ficando sozinha, estou sozinha.

Eu não escolhi estar aqui, ao contrário do que pensam, tive muitos motivos para ter que sair da minha zona de conforto. "Se alguém vem a mim e ama o seu pai, sua mãe, sua mulher, seus filhos, seus irmãos e irmãs, e até sua própria vida mais do que a mim, não pode ser meu discípulo" (Lucas 14:26).

Sei que Deus me trouxe até aqui e nessa situação para que eu repita ainda mais a frase que já virou até um lema de vida para cada perda sofrida: a tua Graça me basta. Senhor, sei que o Teu poder se aperfeiçoará em minha fraqueza, estou me fortalecendo e já não sou mais a garotinha assustada e que vivia chorando. Olho para os muros que me cercam e sinto-me forte para derrubar todos eles. E se todos me viraram as costas, eu lamento. Só quem não pode me abandonar é Deus, o resto eu me acostumo.

#pensamentodekarla

***

O NÃO DE UM PAI

Como pais, às vezes, precisamos dizer não para os filhos; dói mais em nós do que neles, mas é necessário para o seu crescimento e para evitar alguns danos. Seu filho chupou um picolé e queria outro, você diz não por saber que um segundo poderia acarretar-lhe uma infecção de garganta. Então o filho chora por não entender, mas seus pais sabem o que é melhor.

Assim é Deus, pai zeloso, cuidadoso. Às vezes, choramos tanto pedindo algo, não compreendemos que aquilo que pedimos nos fará mal, nossa visão é curta e limitada. Porém, como pai zeloso, atento não concede e choramos sem entender. Mas em tudo dai Graças porque Dele são todas as coisas e, principalmente, nossos caminhos. Ele sabe exatamente aquilo que nos fará bem ou mal e, sendo mal, Ele tratará de tirar para longe. Esse é o Deus a quem servimos. Graças te damos, Senhor, pelos grandes livramentos, até mesmo aqueles que não vemos, não percebemos. Obrigada Deus pelo teu imenso amor de pai.

#pensamentodekarla

***

O ESPINHO NA CARNE

Vivemos o momento do breve e, como o apóstolo Paulo, todos possuímos um espinho na carne. Algo que nos tire o sono, uma angústia ou preocupação. Paulo chegou a pedir ao Senhor que retirasse, livrando-o do espinho, porém não teve seu pedido atendido, e todos conhecemos bem a história que originou um grande herói por vencer grandes batalhas. Tua luta não é maior nem menor que a do teu próximo, mas necessária e suficiente para o teu aperfeiçoamento para herdar a Tua coroa. Nesse momento de princípio de dores, muitos ficarão para trás. Quem subsistir passará pelos portões celestiais e habitará para sempre à sombra do Altíssimo. Ele enxugará toda lágrima, não haverá mais dor nem pranto, todas essas coisas serão passadas. Ó como eu anseio por este dia!

#pensamentodekarla

***

Glorifico ao Senhor pela capacidade de me reerguer. Já levei tantas pauladas da vida, que hoje, para me derrubar, pode vir um furacão. Já suportei as piores dores, caso sejam colocadas em uma escala. Já quase morri, já perdi dois filhos, já perdi meu pai, já me divorciei, fui caluniada, maltratada e suportei firme. Me deem 24 horas somente e logo me reestabeleço, choro e enterro, ergo a cabeça e prossigo para o alvo que é Jesus! Eu encontrei o meu consolador, aquele que me sustém e mantém de pé, me levanta quando estou caída, renova minhas forças, troca minhas sandálias e me põe novamente no caminho. Como não te amar, Senhor?

#pensamentodekarla

***

Quando nascemos em Cristo e morremos para o mundo, pela ocasião do batismo, significa abandonar costumes antigos, que agradavam ao mundo, e ter um novo caminhar. Cuidado recém-convertido, que continua com fofocas, que olha as redes sociais alheias para confabular falsas conversas. O inimigo está a te usar, ele não admite perder. Quando vê alguém querer caminhar na presença de Deus, ele lança grandes investidas e precisa estar atento. Outros preferem continuar, esses serão duramente penalizados, pois conhecem a Palavra de Deus e permanecem no erro. Lobos em pele de cordeiro, esses não experimentaram da verdadeira conversão em Cristo Jesus.

#pensamentodekarla

***

Que o Espírito Santo esteja a te moldar, que não seja o homem que venha cobrar de ti suas atitudes (joias, vestimentas, maquiagem, dízimo, comportamento). Conheça a Palavra e sentirá vir do Espírito Santo o conserto, e o Senhor te moldará com amor e zelo sem te envergonhar ou te causar alvoroço. Ele vai transformar sua vida como vaso precioso que és nas mãos do oleiro.

#pensamentodekarla

***

O TEU AMOR SE APERFEIÇOA EM MIM E SOU DIGNO DE SER CHAMADO DE FILHO!

Temos a convicção de que tudo que Deus faz é BOM, PERFEITO e AGRADÁVEL. Em tudo e para tudo dai Graças. Já parou para agradecer por aquele projeto que deu errado? O sonho que não se concretizou ou mesmo por aquele seu filho que Deus levou? É muito difícil, é terrível. Eu perdi meus filhos, foi um período difícil, ainda é, a pior dor que já passei, mas hoje sei que o Senhor os guarda nos seus Átrios, sei que um dia os verei de novo e que Deus sempre sabe de todas as coisas e que, mesmo não compreendendo, necessitamos aceitar Seus DESÍGNIOS. Deus permite os dias difíceis porque neles o seu amor se aperfeiçoa em nós, para que saibamos que Ele é em nossas vidas e o quão gratos devemos ser por cada conquista.

Eu te louvarei Senhor continuamente porque sei que, mesmo com o mundo desabando, o teu cuidado estava sobre mim e que o Senhor só prova quem você ama, para que sejamos dignos de receber a vida eterna contigo.

#pensamentodekarla

***

Eu sei, Senhor, que, perante as circunstâncias, eu deveria estar aflita e angustiada. Mas aprendi a confiar em Ti, óh Deus soberano. Aprendi a descansar em meio às provas. Eu tinha o costume de resolver tudo sozinha, era impulsiva, imediatista e não deixar nada para depois. Mas aprendi, a duras provas, que o meu tempo não é o Teu. Hoje sinto uma alegria inexplicável, pois, diante da situação, eu deveria estar triste. Mas te servir é sentir uma alegria constante e a certeza de que, no fim das contas, tudo ficará bem, pois estás no comando. Glórias a Ti.

#pensamentodekarla

***

Não espere perder para perceber o quanto aquela pessoa era importante para você. O perdão existe, é necessário liberar o perdão para não sermos reféns de nosso próprio rancor, porém nada consegue apagar as mágoas que ficaram. Não volta mais a ser o que era antes e pode nunca mais voltar. Perdoar não é esquecer, perdoar é tentar não sentir mais dor ao lembrar o que te fizeram, mas não apaga, não anula. Meça suas palavras porque podem ser mais cortantes que uma espada de dois gumes.

#pensamentodekarla

***

UM CORAÇÃO LIVRE É O QUE TODOS NÓS PRECISAMOS E MERECEMOS TER

Ao longo de nossos dias de vida, percebemos que vamos acumulando correntes que nos prendem, que nos impedem de andar, de voarmos. Decepções, tristezas, frustrações, pessoas que nos magoaram, sonhos não realizados, correntes e mais correntes. Verdadeiras âncoras.

Somos nós que permitimos essas prisões quando damos poder ao outro de nos fazer sofrer. É preciso dar um basta e romper todas as barreiras que levantamos ao nosso redor, que estão nos consumindo aos poucos. Pode ser que terminemos nossos dias sozinhos ou com um número restrito de amigos e familiares, mas o coração ficará leve. Os que ficarem valerão muito a pena. A vida é uma eterna bagunça; e se não fosse assim, não teria graça viver. Mas não deixemos que essa bagunça nos acorrente e consuma nossa alma. Jesus nos chamou para sermos livres.

#pensamentodekarla

***

Você, cristão, que muda de Igreja e culpa os irmãos, seja você a mudança, seja você uma bênção. Placa de Igreja não salva ninguém. Deixe que as pessoas olhem para você e testifiquem a presença do Senhor, temos um brilho diferente, e isso é a Luz do Espírito Santo. Não dê um testemunho ruim, entenda que, uma vez liberto, você carrega a marca da promessa, o nome de Jesus. Não o envergonhe, pois, no dia do Juízo, poderá ouvir Dele: "afastai-vos de mim, porque nunca o conheci".

#pensamentodekarla

***

Constantemente, vemos destruições, tragédias no mundo, às vezes, pertinho da gente ou longe, que nos afetam de alguma forma. Mas conhecendo a Palavra, sabemos que tudo está se cumprindo, tudo aquilo que foi escrito há mais de dois mil anos. A Bíblia é tão clara que até o ataque às duas torres altas foi citado nela. Jesus está voltando, quero ser digna, Senhor, de habitar contigo na Jerusalém Celestial.

#pensamentodekarla

***

A justiça de Deus não falha e não tarda, vem no momento certeiro e oportuno. Por isso, não se turve o vosso coração e perca sua bênção por haver pessoas que te entristecem ou fala malam de ti. Ore pela vida desses indivíduos e tenha certeza de que, se falam mal de você, é porque sua presença os incomoda. Então ore, apenas ore por seus inimigos e entregue a Deus.

#pensamentodekarla

***

EU ESCOLHI RECOMEÇAR

Admiro a capacidade que algumas pessoas têm de superar as dificuldades, mas, às vezes, é preciso de um momento só seu, em silêncio, às vezes, chorando em oração com o Senhor. Mas esse momento do luto é necessário, principalmente quando algum ciclo se encerra em nossa vida. É preciso viver o luto. Momento de limpeza, de observar alguns pontos que deram certo e outros que deram errado e recomeçar. Passado o luto, ENTERRE! Enxugue as lágrimas e não olhe para trás. A vida é boa demais pra você perder tempo com aquilo que não vale mais a pena. Afinal, aquilo que não matar te tornará mais forte.

#pensamentodekarla

***

JESUS AMA O PECADOR, PORÉM ABOMINA O PECADO

Foi por amar, tanto amar o pecador que veio a este mundo morrer por eles, Jesus não veio para os santos. Ele veio para que o pecador pudesse ter suas vestes lavadas, para que fossem remidos, pelo sangue do cordeiro. Arrepende-te enquanto ainda há tempo. O Senhor quer ouvir o seu clamor. Ele quer ouvir o teu verdadeiro arrependimento e quer te dizer: "tua fé te salvou, vá e não peques mais".

#pensamentodekarla

***

A DEUS NÃO SE IMPÕE

Estou cansada de ouvir servos dizendo que impôs algo para Deus, outros ficam cobrando que é servo fiel, e, por isso, o Senhor deve honrar. Somos servos dependentes e não podemos exigir que nossos anseios sejam atendidos. Tantos anos na Igreja e ainda não aprendeu a orar corretamente?

Servir ao senhor é colocar-se na condição de último. Meus desejos são os últimos, e aquilo que eu necessito será dado no tempo Dele, e se for do querer dele, que sabe o que é melhor para nossas vidas. E se desejarmos algo, coloquemos diante do altar para que não seja prejuízo. Deus conhece nosso coração, sonda até o nosso ínfimo, esquadrinha nossa alma, sabe a quantidade de fios de cabelo de nossas cabeças e exatamente do que necessitamos. Aprenda, Deus não te deve nada!

#pensamentodekarla

***

Ao longo da vida, formamos nosso caráter, nossa personalidade, somos o que somos e defendemos aquilo que acreditamos. Eu só não sabia que, uma vez servos de Deus, todo esse pensamento era reformulado, que seríamos como um vaso quebrado e voltaríamos ao pó e seríamos refeitos. É dolorido, afinal, vemos morrer toda a nossa filosofia e ideologia de vida que pensávamos estar certa. Todas as nossas convicções são refeitas. Menos arrogância, mais humildade, sim, muito mais humildade. Agora entendo, nascer em Cristo e ser uma nova criatura. Esse é o verdadeiro significado de conversão.

#pensamentodekarla

***

Estamos vivendo dias difíceis. Muitas investidas, acusações, perseguições. O mundo jaz do maligno, que anda ao nosso derredor rugindo "como" um leão preparado para devorar. Mas não esqueça! O verdadeiro Leão é Jesus, Ele é nosso abrigo seguro e nossa rocha eterna. Precisamos ter a certeza de que temos o bom perfume de Cristo. Analise o que JESUS faria naquele momento se fosse Ele que estivesse na tua situação, afinal somos testemunhos Dele aqui na Terra. Nas lutas no teu trabalho, no teu lar e aonde quer que vá, o inimigo está à espreita. Ele quer tirar tua salvação. Quer te tirar da comunhão. Vigiai para que ninguém te tome a tua coroa!

#pensamentodekarla

***

Quando alguém faz algo para você, este se moveu de íntima compaixão, provocada pelo próprio Senhor Jesus, para que te ajudasse em algum momento oportuno. Não que essa pessoa seja necessariamente tua "amiga".

Jesus é o amigo melhor, ele não te dá vácuo, não te abandona, te escuta a qualquer momento que queira conversar, não te critica, não te ofende, te compreende, te ama, Ele deu sua vida por ti. Que outro amigo faria isso por nós? Reflita!

#pensamentodekarla

***

E PARA HOJE...

Em breve, muito em breve, Deus te mostrará com nitidez porquê foi necessário você passar por tudo isso que está passando. Ele te fará entender o porquê de algumas dificuldades, distanciamentos, lágrimas e dores.

Ele trará à sua memória todas as vezes que você caiu e se levantou, mesmo não tendo ninguém para te ajudar, e as inúmeras vezes que você pensou em desistir, mas, mesmo arrastando na fé, prosseguiu. Em breve, muito em breve, quando o seu coração estiver preparado, curado, e a sua alma aliviada e descansada devido às bênçãos alcançadas, você entenderá o porquê que Deus permitiu você passar por certas situações, e o porquê Ele te poupou de tantas outras. Para tudo Ele tem uma resposta.

#pensamnetodekarla

***

EIS-ME AQUI SENHOR!

Talvez eu possua as características do apóstolo Pedro, que era explosivo e impulsivo. Talvez eu seja como Davi, que fez loucuras em nome do amor. Quem sabe eu abra demais meu coração para pessoas erradas e que me traiam, como fez Sansão. E quiçá eu possa precisar ter um espinho na carne, como Paulo, para não esquecer a minha essência, não me engrandeça e esqueça a minha humildade e do charco de lodo de onde Deus me tirou.

Quem sabe eu seja como Jó, que precisou perder tudo que possuía e a todos que jurou amar eternamente para entender que tudo que precisamos é ter nossa fé e toda nossa vida firmada em cristo, conclamar "a tua Graça me basta" e nada no mundo pode mudar nosso pensamento.

Quem sabe eu possa agora perceber que os maiores heróis da fé, citados na Bíblia, também erraram. Porém, Deus não olhou para suas falhas, e sim para a pureza de seus corações e dependência Nele. Sempre reconhecermos que Jesus é único e suficiente salvador. Então, eis-me aqui, cheia de falhas, mas o meu coração é teu, Senhor.

#pensamentodekarla

***

Bendito Seja Deus, que, apesar da crise, a Igreja continua atuante. A Obra não para e não ficará nenhum para trás, não permitiremos! O que diremos nós? Louvado, bendito seja Deus porque não estamos desamparados, não estamos sozinhos em meio à tribulação. O mundo quer nos destruir, sempre foram assim os ataques aos cristãos, mas subsistiremos. Permaneceremos de pé.

"NÃO OS LIVRO DO MUNDO, MAS NÃO VOS DEIXAREIS ÓRFÃOS!"

#pensamentodekarla

***

Há um propósito de Deus, durante esta Pandemia, na vida de cada um. Eu creio! É tempo de definição. Quem estava indo para Igreja só por diversão, para desfilar figurinos, para falar mal dos outros, criticar, esquentar banco e estava lá de fachada, esses ficarão para trás. Muitos indo só por obrigação porque possuem alguma função e comunhão, que é boa, nada!

Eu vejo tudo isso como uma grande faxina. Serão varridos das Igrejas os Joios!

Aqueles que achavam que só a oração dos outros irmãos bastava aprenderão que a busca individual também é necessária. Aprenderão a valorizar o culto nas Igrejas e serão mais presentes, e que o templo não é apenas uma estrutura física.

Aprenderão que nossos corpos também são Igrejas e podem abrigar e socorrer a muitos quando enviamos o *link* dos cultos on-line. Com certeza, seremos novas criaturas, após passarmos por toda essa crise.

#pensamentodekarla

***

FICAREMOS DE PÉ

As lutas não diminuirão. O que poderá diminuir é tua fé perante as adversidades. Por isso, não deixe de buscar a Deus, Ale será o alento nos dias difíceis, a certeza de que cada muro que se levantar, para te impedir, Ele irá derrubar com o poder de uma palavra; e se esse muro ainda não caiu, aproveite o aprendizado e a experiência que ele traz, além de proporcionar mais dependência no Senhor usando os recursos da graça!

Decrete:

Eu vou vencer, eu vou vencer porque sou filha do Rei Todo Poderoso e quiçá essa luta acabe com minha vida terrena, descansarei em seus braços eternais porque dessa vida nada mais preciso, nada mais importa. Sairemos desse mundo da forma que entramos, nem as roupas do corpo nos pertence, portanto, nada importa, só o que importa e tem valor é ser chamada de filha do Rei, menina dos olhos, joia preciosa e herdeira da eternidade

#pensamentodekarla

***

Se todos os pais soubessem o quanto são importantes para seus filhos, que o divórcio não deveria quebrar esse elo. Que não se trata apenas de pensão em dia ou remédios quando adoece, mas ouvir a voz perguntando como foi a semana que se passou, se vai passar de ano, saírem juntos, rirem de coisas bobas. Sabe, importar-se com a vida dos filhos.

Mas algo se quebra com o divórcio, não deveria ser assim. Quem sabe haveria menos adultos complexados e juventude desequilibrada emocionalmente.

#pensamentodekarla

***

Não importa o quão difícil tenha sido a sua noite: choro, angústia, tristeza, desespero. Você olha para o céu e lá está o sol, na certeza de um novo dia, de um recomeço, de tentar tudo de novo mais uma vez e quem sabe mudando até o percurso, quem sabe agora dá certo. A imponência do sol nos mostra que sempre podemos ressurgir, porque, mesmo em manhãs com muita chuva, sabemos que, por trás de toda aquela adversidade, de toda aquela penumbra cinzenta, o sol estará ali a brilhar... Assim é Deus em nossas vidas.

#pensamentodekarla

***

Quando resolvemos obedecer aos desígnios de Deus, tudo começa a fruir naturalmente em nossas vidas. Às vezes, insistimos tanto em algo, na nossa mente tudo é lindo, perfeito e até pedimos para Deus. Eis que o pedido desejado não vem, e então nos entristecemos, mas Deus sabe de tudo aquilo que é bom, perfeito e agradável para nossas vidas. Apenas creia!

#pensamentodekarla

***

Há momentos em que a caminhada se torna tão difícil, angustiante. Tantas pessoas sofrendo, seja no setor financeiro, pessoal seja com enfermidades. Cada um com sua luta, sua dor... Estamos todos vencendo gigantes diariamente. Só Deus para nos manter de pé, neste momento do breve que antecede a volta do Senhor Jesus!

#pensamentodekarla

***

POSICIONAMENTO E DEFINIÇÃO!

Fique na Igreja que Deus te colocou! Em todas elas, haverá o Joio. Não se iluda achando que em outra será melhor! Fique no lugar que Deus o colocou e olhe somente para Ele. Todas possuem falhas! Estamos nos momentos finais e precisamos de posicionamento e definição! Não há mais tempo para incertezas. Alegrai-vos, Irmãos. Não fique triste pelas últimas notícias. É a Palavra se cumprindo. Alegrai-vos porque o noivo vem e não tarda. Não saiam de suas posições. Em breve, usará sua coroa. A COROA DA SALVAÇÃO!

#pensamentodekarla

REFERÊNCIA

BÍBLIA SAGRADA. 4. ed. Tradução de João Ferreira de Almeida. **Revista e Corrigida.** Barueri: Sociedade Bíblica do Brasil, 2001. 1664 p.